［新装版］トノヲシテ《瀬織津姫さま》言霊リメンバリング

大江幸久
アマノコトネ
舩井勝仁

ヒカルランド

瀬織津姫さまご神託

その1

アマテラスオオミカミをお呼び出しして、
いらしてくださるのは、
お呼び出しなさる方が
スメラミコトでなければなりません。
または、そのいちばん近い御身内の方に限ります。
一般の方からのお取り次ぎを任されておりますのが、
内宮《ないくう》では私（瀬織津姫）でございます。
後の世の人々の誤認は、
私を見ることのお力のある方が私の姿を見て、
アマテラス様は女性である、
と思われたのでしょう。

瀬織津姫さまご神託

その2

記紀をお書きいただいた方々はこのことを知らず、
オオン神の存在を
女性といたしましたことと思います。
また、古代を知っております巫女や、宮中の人々は、
シタテル姫様のお力の偉大さから、
よく口伝の語りとして語られておりましたので、
アマテラス様を女性とされても
おかしくはございません。

瀬織津姫さまご神託

その3

外宮《げくう》はトヨケ様でございますが、
これとてもアマテラス様の補佐役としての
トヨケ様であり、シタテル姫様であります為、
食事の用意（御饌《みけ》をささげるのが、ヒメとされました為）
をなさる、
外宮の取り次ぎ役はシラヤマ様でございます。
こちらも女性神を見た方が居ても
間違いはございません。

瀬織津姫さまご神託

その4

まずホツマツタヱは、
何のために残されたかと申しますと、
我らの尊き血の方々の残されたお言葉を記録し、
後世まで伝えようとしたからでございました。
ミカサフミは、ホツマツタヱを良い教書として
より詳しく書かれたものでございます。
本来フトマニは、占いの元のように見えますが、
モトモトアケの存在が天からのお言葉を
降ろすことのできる金色の棒のことでした。
これが、タの一族に伝わる
クニトコタチ様からの宝物でした。

瀬織津姫さまご神託

その5

文字には一つ一つ意味があります。

「う」と言えば誰でもが火を連想いたします。

「あ」と言えば天＝空でしょうか、

初めは全てトヨケ神のコモリウタでございました。

48音を知るだけで、遠い地に居ります、

言葉の違う者たちの意思統一ができるのです。

公用語を作り、アマテル君のお言葉を

残さなければならなかったのです。

ヲシテ文字は

世界の発音を一緒にする民族は受け入れましたが、

子音を用いている民族に

広げることはできませんでした。

瀬織津姫さまご神託

その6

また一字一字が神であり、
これの一文字一文字を発することによって、
自らもエネルギーを得て健康に生きていくことができる
古代人の智恵でありました。
一つの文字から多くを学ばなくてはなりません。
そのことが我らの頭を鍛えました。
またそれによって感性が磨かれました。
それの連なりが和歌となりました。
我らは五七で話をするようになり、
その言葉の連なりから更に力を得ました。
おおせのとおり、濁音はあまり使いません。
48音に濁音はないのです。
また濁音は美しくない音です。

瀬織津姫さまご神託

その7

我らの時代は祭政一致《さいせいいっち》もよろしいのですが、

今の世では如何《いかが》でしょうか？

宇宙の音を捉えるものが間違えたり、

私利私欲に走ったりしてはならないのです。

その為の御修業は歴代の

スメラミコトがなされてきた御修業でありますはず。

あくまでもトノヲシテを心得たものが、

ありがたいお言葉を降ろし、臣下に伝え、

それにおいて政治に生かすのが順当と心得ます。

瀬織津姫さまご神託

その8

オオン神は全ての力を結集して、
この国の繁栄と再生を、
トヨケ様より託されました。
それがトヨケ様の理想の国家だったのです。
時代が移りゆきますと、
国と国との国家意識が、
トノヲシテを阻んだのでございます。
それを守る為、
オオン神はトヨケ様と背を守る為、
丹後の地に籠《こも》られました。
それほど他国の脅威を感じておりました。

瀬織津姫さまご神託

その9

この国には大きな転換期が幾度もございました。
その度に私たちは、
この国が、ヤワすよう守ってきたと思います。
トノヲシテとてぞんざいな取り扱いを受けましたが、
消えたように見えましても、
この国の人々の心根の中に残るトノヲシテを
揺さぶり起こすことは可能と心得ます。

瀬織津姫さまご神託

その10

戦いや、荒ぶる心を持たされた時代もありましょうが、
常に女の心はトノヲシテを内在していたと思います。
今なぜ私たち高天原《たかあまはら》の神々が
貴方がたに頼もうとしているのかということは、
この女の心根に危機感を感じているからです。
徹底的に心に生じた毒を取り除くことが必要です。
聖戦という言葉は使いたくありません。
できるだけのことをしなければならないという
高天原の皆様の決議もございます。

トノヲシテ 瀬織津姫さま 言霊リメンバリング

目次

カバーデザイン　takaokadesign
校正　麦秋アートセンター
本文仮名書体　文麗仮名（キャップス）

巻頭言「トノヲシテを現代に伝える責任」

船井勝仁

この度、本書の共著者の一人である大江《おおえ》幸久《ゆきひさ》先生から光栄にも巻頭言の執筆のご依頼をいただきました。私は大江先生の導きで約2年前に瀬織津姫様の磐座《いわくら》である六甲《ろっこう》比命《ひめ》神《じん》社《じゃ》[*1]を初めて訪問させていただきました。特別な能力を持っているわけではありませんので、アマノコトネ様のようなメッセージをいただいたわけではありませんが、それをきっかけに私の人生が大きく変化してきたことは間違いありません。

ちょっと不遜な言い方になってしまいますが、瀬織津姫様に接しさせていただいたことで、父（船井幸雄）を見送る準備ができたのか、数カ月後に父が旅立っていくことになりました。そして、私にとってとても大きな存在であった父が物理的にいなくなることで、私自身が強制的に大きく変容させられました。今から考えると、自分でも明確に意識しないうちに瀬織津姫様の影響でトノヲシテ[*2]を思い出しはじめたのかもしれません。

そう言えば、今では一番心を通わせている魂友の赤塚高仁《あかつかこうじ》さんと不思議なことに六甲比命神社で偶然にもその時にお会いしていました。その後、赤塚さんとは『聖なる約束』(きれい・ねっと)という共著を書かせていただくことになりました。赤塚さんは教育勅語などの「やまとこころ」を伝えることを使命としてほとんどボランティアで日本中を講演して回って歩いている人ですが、本書を読んでいただくと教育勅語や「やまとこころ」はトノヲシテから発しているものであることがわかります。

当時は赤塚さんや私自身も気づいていなかったシンクロニシティ現象が起こっていたことになります。そして、アマノコトネ様や大江幸久先生、それに赤塚さんや私の役割は、本書を読んでいると、外国の影響下にある様々な勢力の思惑で隠されてしまっているトノヲシテを、現代の人たちが感じられるようにすることであるということがよくわかります。そして、それは多分、本書を手に取っていただいているあなたにも当てはまることなのです。

あなたには日本人の魂に刻み込まれているトノヲシテをしっかり感じて、それを広めていく役割が与えられているのです。トノヲシテとはやわす（和す）、尽くすことです。トノヲシテは、人がどう生きるのが天の摂理と合っているか、天の摂理とあることが、人としてこの地球で生きる上において正しい生き方なのだ、ということを教えてくださるものです。戦うのではなく和す道を選ぶのが本来の日本人のやり方なのです。

そしてそのためには、天照大神[*3]（本書がひもといているホツマツタヱ[*4]では男神で、瀬織津姫は天照大神の中宮です）やその祖父の豊受大神[*5]（伊勢神宮の外宮に祀られている神様でやはり一般的には女神だと言われていますがホツマでは男神とされています）の時代から、トノヲシテだけではなく、武力を使うようになって始まったおごころ（男心）を中心に世の中を治める時代が、そろそろ限界に来ていることを認めることがまず大切なようです。

これからの世の中は、女性の中に母性愛として必ず内在されているトノヲシテを明確にしていくためにめのみち（女の道）を復活させて、男心とのバランスを取っていくことが大事になります。現代風に言うと女性性を復活させるということですが、女性性の復活は女性が男性化することではなく、本来の女性らしさを取り戻してそれを輝かせることなのだと感じています。

男性性だけで運営されている社会は、鳥が片方の羽だけを必死になって動かしている状態に似ているのかもしれません。そうするとすごい勢いで同じ所をぐるぐる回ってしまうことになり、前には進みません。まさに現代文明は経済的な豊かさやお金儲けを追求するという意味では必死になってみんなが頑張っているのですが、もう一方の羽である精神性（トノヲシテ）を率先して発揮しなければいけない女性性がほとんど動いていないために、欲望の実現だけが成就して、人間の本来の役割である物心両面でのバランスのある進歩がなされていない状態にあるのではないでしょうか。

しかし、トノヲシテを潜在的には強く持っている女性性が復活してきて両翼がバランスよく動き出すと、ゆったりとした羽ばたきにもかかわらず、悠然と鳥は大空を楽しげに飛んでいくことができるようになるのです。だから、男性性を封印するのではなく、もっとゆったりと余裕を持って羽を動かしてもらって、その動きに合わせて女性性を動かしていくと、日本人のＤＮＡにしっかりと刻み込まれているトノヲシテが前面に出てきて、戦いのない「やまとこころ」が本当に花咲くような時代が来るのではないかと思うのです。

そのためにはホツマツタヱの教えをひもとくことが重要になります。本書の姉妹書とも言える『隠された言霊の神　ワカヒメさまの「超」復活！』（ＳＵＭＩＫＯ！、アマノコトネ、宮崎貞行共著　ヒカルランド）と一緒に本書を読んでいただければ、女性性を復活させることの大切さをホツマから読み取れるようになってくると思います。

そして、それができるのは、日本語という母音言語を使い続けていることによって心の奥深くにトノヲシテをしっかりと継承している日本人であり、その役割を果たす使命を持たされているのだと思います。男性は愛する人を守るために戦おうとしますが、女性は大事な子どもたちを何があっても戦場に送りたくないという考えを持ちます。どちらも大切な考えですが、その両者のバランスがちょうど取れた時に真の平和を追求する方法が見つかるのではないでしょうか。

男性性中心の世の中が約２５００年続いたことで、こんなに豊かな文明社会が築けたこ

隠された言霊の神　ワカヒメさまの「超」復活！（ヒカルランド刊）

とに感謝をして、こんなに豊かになったのだから今度は天の摂理に従って、奪い合うのではなく分け合うことで戦いのない時代を作る責任が私たちにはあるのではないでしょうか。その役割をしっかりと一人ひとりが認識して、その役割を果たすための準備を進めていくことが本書の本当の目的なのかもしれません。

真の平和が実現されるすばらしい世の中は、「どこか遠くにいる誰か偉い人」が与えてくれるわけではなく、私たち一人ひとりが自分の力でもたらさなければならないものなのです。そして、そのための叡智《えいち》がトノヲシテであることをしっかりと認識できれば、そんな時代が確実にやってくることが実感できるのは間違いないでしょう。自分たちの力でそんな時代を導いてくる、それが国常立大神が私たちに残してくれたトノヲシテを与えられた日本人の本当の役割なのかもしれません。

株式会社　船井本社　代表取締役社長

＊1　六甲比命神社　神戸市灘区六甲山町の六甲山尾根付近に鎮座する六甲比命大善神社《ろっこうひめだいぜんじんじゃ》。六甲山は古くは向津峰《むかつ》と呼ばれていた。その由来は瀬織津姫のまたの御名である向津姫《むかつひめ》の磐座があるから、と考えるのが妥当といえよう。現在は六甲の文字が当てられているものの、これもちゃんとムカツと読めるように意図して選ばれているようである。かつては向津姫を祭神とする、西宮市の廣田神社の奥宮として守られてきたものと思われる。大化の改新のころより、法道仙人開基の吉祥院多聞寺（神戸市北区唐櫃）の奥の院とされ、現在は六甲比命講が多聞寺と共にお守りをしている。

＊2　ヲシテ（トノヲシテ）　48のヲシテ文字と音。一音一音がそれぞれ神である　ヲシテの文字と音を基にした、日本の建国以来の平和な社会を築くための根本思想。

＊3　天照大神　8代天神で男神。日本の統治者としての理想のご活躍をされる。その御言葉は皇后瀬織津姫によって筆録され、それがホツマツタヱに反映されている。日本書紀に天照大神を「姉神」と素戔嗚尊《すさのおのみこと》が呼ぶ箇所があること、天照大神＝大日霊貴命の霊の下に女をつけた文字、そして、男神を表すキ＝貴を無理にムチと読ませて、オオヒルメノムチとして、女神説を流布したものと思われる。

＊4　ホツマツタヱ　全編ヲシテ文字を使って五七調で記された、古代の一代叙事詩であり、歴史書であると同時に、道の書、博物学のエッセンスの書でもある。全40紋《あや》（章）で、1〜28紋は神武天皇の右大臣であるクシミカタマ、29〜40紋は崇神天皇の御世に大神《おおみわ》神社の斎主となったオオタタネコの編纂による。江戸時代にもごく一部の神道学者の間で研究がなされていたが、特に昭和41年松本善之助氏による神田の古書店でホツマ文書が発見されたことをきっかけに、在野の池田満氏、鳥居礼氏、鏑邦男氏など諸氏の研究のおかげで、ホツマが広く知れ渡るようになった。アカデミズムでは単に偽書とされ、内容検討を放棄されている。そのため、数多くの在野の研究者によって研究が進められている。記紀その他の古史古伝とは比較にならぬほど数多くの全国各地の神社・神話伝承・寺院縁起等との関連や整合性が見出される。北陸から山陰にかけての国を乱した益人《ますひと》（国司・国造）シラヒト・コクミが登場する大祓詞《おおはらえのりと》（中臣《なかとみ》祝詞《のりと》）の内容はホツマ以外の文献では説明できない。瀬織津姫の御事績が詳しく記されている唯一の古代文書。

＊5　豊受大神　伊勢神宮外宮の神。天照大神の祖父にあたり、天照大神に国の統治者としての教育を施す。

第１章　瀬織津姫　ご生誕・幼少期から入内まで

カキタの宮

Ｑ　２０１２年夏、セオリツヒメ様は、霊能者大平啓子様へのご神託で、静岡県駿東郡《すんとうぐん》清水町柿田川*1の水を六甲の磐座への持参をご依頼されました。このことにより、セオリツヒメ様と柿田川とのご縁が判明しました。セオリツヒメ様の御出身地は、大山祇命《おおやまずみのみこと》を祀る三島大社の鎮座する静岡の三島市でしょうか？　あるいはその隣の柿田川のお近くでしょうか？

瀬織津姫　我が父サクラウチ[*2]は、その名のとおりヤマズミ（山住）でございますので、所領は山でございます。山の木材のこと、清水のことを知り尽くした人でございました。トヨケ様のお憶えもよく、可愛がっていただきました。何と言っても宮の造営には木がなくてはならず、国中の木の専門家としての力量のある人でした。

我らにとり、トヨケ様[*3]の御命令（モトモトアケ[*4]に依りますご神託）は神と等しく間違いないものでございました。トヨケ様からの御命令では、誰も逆らえませんでした。

今でこそ静岡の三島という名前なのでしょうが、柿田川という川の名前は父がつけた名前です。「柿という木は折れやすい木であるが、食料として大変重宝な木だ」と父はよく申しておりました。実のなる木の改良も父のお役目でした。富士の都のことは、父からも又、乳母やオンジからも聞いておりました故、兄上が教育を受けに豊受様の所に行かれると聞かされた時も、小さいながらに羨《うらや》ましくてしかたがありませんでした。兄も、アマテル君の親衛隊の一人としてスパルタ教育をされておりました。

［２０１４年12月17日］

＊１　柿田川　名水１００選に選ばれる清水を湧出する長さ１・２㎞の清流。富士山に降った

雨が百年の歳月を経て湧出するとされる。柿田川公園には貴船神社が鎮座するが、この真西に京都の貴船神社が位置している。

＊2　サクラウチ　タニのサクラウチ。オオヤマズミ一族の長。セオリツヒメホノコ様・ワカ姫ハナコ様・オオヤマカグツミ（2代目オオヤマズミ）の父君。イザナギ・イザナミに仕え、天照大神の右大臣も務める。

＊3　トヨケ様　豊受大神。東北日高見で政《まつりごと》を司り、天照大神が16歳になられると、日高見へ招いて、直々に天神としての教育をされる。天照大神のご要請で、サホコチタルのミヤツ（京都府宮津市）でお治めになる。マナヰ（京丹後市峰山町久次岳《ひさつぎだけ》。麓に豊受大神を祀る比沼《ひぬ》麻奈為《まない》神社がある）で神上がりをされる。

＊4　モトモトアケ　宇宙根源神である天御祖神《あめみおやのかみ》。日本語の48音の一つ一つの音が、神である。フトマニ図の中心がアウワ。その周りのトホカミヱヒタメをアモト神と呼ぶ。その外周にアイフヘモヲスシのアナミ神（天並神）、残りの32神がさらにそれを囲む。

柿田川

御生誕の日

Q　年をまたいで質問させていただきます。

アマテル様の御誕生日は　旧暦の正月一日、とホツマにはあります。

セオリツヒメ様の御生誕の日をお教え願えますでしょうか。御生誕されたところはカキタの宮でしょうか。

瀬織津姫　旧暦のヒナの節句3月3日です。

桃の節句は縁起がいいと言われ、その日に合わせて生まれたようです。周りの人間の話によりますと、桃の花が咲きみだれ、周りには蝶が群れ遊び、美しい滝がある、それはそれは美しい山裾の庵[*1]で生まれたと言われております。母は産後のヒダチが悪く、まもなく亡くなったそうですが、私は乳母と御じいの庇護のもと、カキタノ宮で育ちました。甘い香りがにおい立つホノコと言われ、育ちました。

［2015年1月1日］

＊1　山裾の庵　今回のお聞き取りから該当する場所は、三島市川原ケ谷の滝川神社のあたりではないかと推定する。鳥居の正面の瀧が御神体であるかのごとくである。２０１３年火事で全焼した本殿の再建に、伊勢神宮より饗土《あえど》橋姫神社（祭神宇治橋鎮守神《うじばしのまもりのかみ》で瀬織津姫のことと考えられる）の古材が下賜され、２０１５年に再建されたご神縁もある。

雛祭り

Q　新暦ではありますが、３月３日は、セオリツヒメ様のご生誕記念日であり、たいへんおめでたい日です（本年平成27年（２０１５年）は新暦４月21日が旧暦３月３日にあたります）。また同時に、モモヒナキ（ウヒチニ）様とモモヒナミ（スヒチ）様[＊1]のヒナマツリの日でもあります。日本では、神事が年中行事[＊2]として上手に組み込まれています。

セオリツヒメ様も御幼少のころは、この日にお祭りをされたものと思います。その御様子や、この日へのお思いをお知らせください。また宮中にお入りになられてから、宮中でのヒナマツリの行事はどのようでしたでしょうか。

三島大社

瀬織津姫　私の生まれは、臣の台帳に記載されました。3月3日（桃の節句）に生まれたということは、何よりも強運な人、とされていたのです。

そのころの桃は今の桃とは違います。ヤマモモと小粒の瓜《うり》のような果物です。これを食べますと精力が付き、夏バテはしない、と言われております。天からの果物とも呼ばれ、この行事にはなくてはならないものでございます。山住の者は、私の為にこの桃を育て、行事の時にはこれを献納いたしました。この日は、宮中の全ての人がこの桃を口にできるように取り計らいました。初めはそのようにいたしましたが、貴重な果実ゆえ、後には、祭りという形を前面に出して、従来どおり、祈りの形を取りました。華美にしないように、という配慮も致しました。

お雛様という形は、人形に真似るように布を使うことをするようになってからのものでございます。宮中のミヤビの一つです。また縁起を担いで、この日に結婚するように自らの結婚式をする人もおり、華やかでした。

［2015年3月2日］

＊1　モモヒナキ・モモヒナミ（ウヒチニ・スヒチ）　トヨクンヌの後を継いだ、4代目天神で、初めての夫婦ペアの神。結婚制度の始まりはこの時代からと言われる。雛祭りの起源。福井県武生市の日野《ヒノ》神社とその神奈備山日の山はまたの名を雛が嶽と呼ばれていたがこのあたりが比定地ではないかと言われている。

＊2　神事が年中行事

新年の元旦は餅をつき天神地神に供えてから、親族が集まって新年を祝いました。三月三日の桃の節句には雛祭をして遊び、五月五日は菖蒲《あやめ》を飾って粽《ちまき》を食べました。七月七日は七夕《たなばた》祭で、九月九日は菊の花と栗を供えるお祭です。（高畠精二氏ホツマツタエ現代語訳より）

天照大神との初めての御出会い

Q　アマノコトネ様が、ワカ姫様[＊1]とのお聞き取りの中で、セオリツヒメ様がご幼少のころにすでにアマテル様にお会いされたことが語られたそうですが、それは本当のことでしょうか？

瀬織津姫　父と共にヒタカミの兄に会いに参ったことがあります。その時、トヨケ様のお側におられたお方がそうだと思います。尊き方ゆえ、目がつぶれると言われましたが、子供同士のこともあり、うつむいている私の所に来られて、にっこりと笑ってくださり、心がほぐれたことでした。その時から、トヨケ様と父との間で何かが整ったようでした。

［2014年12月17日］

＊1　ワカ姫　天照大神の姉神。イザナギ・イザナミの第一子にあたる。筑波山で御生誕。茨城県桜川市真壁町羽鳥の歌姫神社はその神蹟か。またの名のヒルコに「蛭子」の漢字があてられ、無理にエビスと読ませたことから、恵比寿神と混同される。兵庫県西宮市西宮神社（かつての廣田神社浜南宮）では、蛭児命となっており、男性の恵比寿神（ホツマでは、大己貴命の御子神クシヒコ）と思われている。シタテル姫、タカテル姫、歳徳神、御歳神、丹生津姫とも呼ばれる。ワカ姫が3歳になる時に、父・母の年齢とともに厄が重なる、という理由でイワクス船に乗せて、筑波から兵庫県西宮廣田のカナサキ（住吉神）・エシナツ夫妻に預けられる。ホツマ1紋の冒頭「それワカは　ワカ姫の神　捨てられて　拾《ひろ》た（ヒロタ）と育つ　カナサキ

の　妻の乳《ち》を得て」とあるように、ワカ姫のヒロタ入りからスタートする。和歌の名手でもあるカナサキの薫陶を受けて和歌と八雲琴（アマテル神が桑から作られた六弦琴をワカ姫に授ける）に秀でた才能を発揮する。

ワカ姫によるオモイカネノミコトへの求愛の回り歌

きしいこそ　つまをみきわに　ことのねの　とこにわきみを　まつそこいしき

の最後の「こいしき」がワカ姫を祀る越木岩《こしきいわ》神社の名前の由来ではないか、と関西ホツマの集いの清藤直樹氏は推定する。越木岩神社の真東、尼崎市東園田町に鳥之石楠船《とりのいわくすふね》の神を祀る船詰神社が鎮座するが関連の社であろうか。ワカ姫はご成人された後、天照大神の妹として宮内に召された。神戸市の生田神社（祭神稚日女尊《わかひるめのみこと》）では祭神は天照大神の妹神とも伝わる。和歌山の和歌浦の玉津島神社にも祀られ、和歌山の県名の由来と推定される。

＊2　ヒタカミ　日高見。東北地方のこと。アマノコトネ様がこのお聞き取りの後に、東北訪問の際、秋田県鹿角市の大日霊貴《おおひるめむち》神社に参拝され、その一帯が、セオリツヒメ様とアマテル様が初めてお会いになったところではないかと、推定される。

ご実家のご家族

Q　ご実家のご家族についてです。お母様のお名前、お兄様のお名前を教えていただけますでしょうか。また妹様にあたるハナコ様を含め、御兄弟・姉妹は3名だったのでしょうか。

瀬織津姫　わが母は3人おります。私の母の名はコセホと申します。サクラウチの親戚にて3人姉妹でございます。よほどの名家の女であれば名前も残りましょうが、父はそのようなことはいたしませんでした。心の美しさはその人の顔も美しくするものです、母はそんな人でした。その当時は、女は育ちよく、男は貴重でした。

我が家には兄は二人おりました。しっかり生き延びて、家督を継いだ兄の名はオオヤマズミでございます。幼名はスヱヒコと申しました。この兄の御縁で、天下の知恵者と謳《うた》われたオモイガネ様にも、シタテルヒメ様*1（親しき者たちはシモテルヒメとお呼びいたしました）にもご縁が出来、息子（天忍穂耳命の養育）をお願いすることができたのです。父は、各地に何人ものメ（女）が居りました故、子供は多かったと思います。また父も美しい人でした。残念ながら、男は兄二人のみです。

［2014年12月18日］

＊1　オモイガネ・シタテルヒメ　思兼命《おもいかねのみこと》（アチヒコ）。7代タカミムスビのタカキネの御子。「タカミムスビ」とは役職名であることがホツマでわかる。ホツマでは天照大神の姉神であるワカヒメの夫。ワカ姫は、ヒルコ姫ともシタテル姫ともシモテル姫とも呼ばれる。御子神は手力男《たぢからを》。たいへんな秀才で、ヒタカミの豊受大神のもとで、スメラギを補佐するための様々な教育を受ける。

オオヤマズミの領地

Q　四国大三島の大山祇神社《おおやまずみ》[*1]、そして奈良県桜井市の若桜神社《わかざくら》、稚櫻神社《わかさくら》[*2]とそのあたりは、オオヤマズミ御一族と関係があると思いますが、如何《いかが》でしょうか。もしかして、そのあたりに御関係の方々の御陵はございますか。

瀬織津姫　サクラウチの親戚は、山という山を管理し、水の管理人としても生きておりますので、どちらも親族だと思います。こちらの他に、九州にも領地を頂きました。ニニギ[*3]を九州の地に赴かせられたのも、この土台があったればこそです。人がその地に住めば祭祀場も出来ましょう。また斎場も出来ましょう。

［２０１４年12月18日］

＊1　大山祇神社　由緒書より「日本総鎮守　大三島宮　御祭神　大山積大神

御祭神大山積大神は天照大神の兄神で山の神々の親神に当り（古事記・日本書紀）天孫瓊々杵尊の皇妃となられた木花開耶姫命の父神にあたる日本民族の祖神として、和多志大神（伊予国風土記）と申し上げる海上安全の守護神である。

地神・海神兼備の大霊神として日本の国土全体を守護し給う神であるところから古代より日本総鎮守と尊称され朝廷を初め国民の崇敬は各時代を通して篤く中世は四社詣、五社詣の中心となり、平安時代既に市が立ち現在に続いている」

＊2　若桜神社・稚櫻神社

いずれも奈良県桜井市に鎮座（桜井市大字谷字西浦・桜井市池之内）し、若桜神社はタニノサクラウチとの関連が推測される谷に鎮座する。白山権現とも呼ばれていた。桜井市の地名由来の若桜の井戸が境内にある。近くには撞賢木厳御魂天疎向津姫命《つきさかきいづのみたまあまさかるむかつひめのみこと》神社が鎮座する。

＊3　ニニギ　瓊瓊杵尊《ににぎのみこと》。ニニキネ。第10代天神。自然神ウツロイの神をして雷を水と火に分けて鎮めたことから別雷神として、上賀茂神社に祀られる。全国を巡幸し、田畑の水利事業をなし、特に、耕作に適さない高地への水利事業で、国を豊かにした。御后はオオヤマズミ一族の木花咲耶姫《このはなさくやひめ》。

6代天神統治時代の男女比

Q　サクラウチ様にも、奥様が複数いらっしゃったそうですが、6代天神オモタル・カシコネ様[＊1]の統治された時代に、多くの男性が戦、または刑罰などにより命を落とし、男性の数が極端に少なくなっていた、という事情が背景にある、とお聞きしています。セオリツヒメ様の時代のおおよその男女の比率はどのようでしたでしょうか。

瀬織津姫　すみません。私はあまり宮から外に出たことがなく、皆様から聞くに留まります。オオン神[*2]が神上がりなさいましてからの状況は目にしております。私が幼少のころは、カキタノ宮も女ばかり目立ちました。ただ、林業を扱う山の者は父の庇護のもと、まだ残っておりました。オオン神の言われます国力は、人でございます。また人は、教育を成すことによって人になるのです。オオン神よりお預かりした時の国は若き人々の国であり、国力が戻ってきているのがよくわかるようになっておりました。しかし、女の力は子を産むこと、それればかりやっておりますと、成るものも成りません。

ふるきよの　おしえととのへ
　きみしのぶ　よのへいていを
　　こころしてまつ

歌はヲシテで吟じるより、今の言葉の方が、気持ちが楽に伝わりますね。

［2014年12月19日］

＊1　6代天神オモタル・カシコネ　この時代に、世は乱れ、通常の統治では世は治まらなくなった。そこで、武力に大きく依存した武断統治を強行し、多くの男性が命を落とすことになった。そのため、極端に男性の数が少なくなった経緯がこの時代にある。

＊2　オオン神　天照大神のこと。瀬織津姫は、今回の聞き取りの中で天照大神をほぼ、この「オオン神」という呼称でお呼びされている。

文書の記録

Q　オオヤマズミのご一族は、木・植物などを原材料とする紙漉《かみす》きの技術もお持ちだったのでしょうか。また、当時の文書の記録は、どのような方法でなされていたのでしょうか。

瀬織津姫　ヲシテ文字と言われております文字は、一文字ずつが神でございます。石に記録を留めたようですが、刻む前に使われた道具は墨でございます。これは、何処にでも手に入ります。けしずみ（消し炭）[*1]を使いました。石では流れてしまいます。次に竹に文字を刻んだものが主流となりましたが、重たいことが難点でした。次が布です。粗い網目でも編めますので、しばらくはこれも使われました。

オオン神の一言一言が記録に残されるのです。この御命令は豊受様からのものでございました。記録を残すために紙というものを作るように、という御命令は下りました。なかなか良いものが出来ず、后たちの実家で御命令の品物をよりいいものにする為の努力がされました。この技術は門外不出とされ、秘伝として受け継がれました。

［2014年12月19日］

＊1　けしずみ（消し炭）　まきや炭の火を途中で消して作った軟質の炭。火つきがよいので火種に用いる。（デジタル大辞泉より）

天照大神に仕えるオオヤマズミ一族

Q　セオリツヒメ様のお兄様が、家督を継がれたオオヤマズミ様であることをお聞きしております。

オオヤマズミ様と、その御子であるカグヤマツミ様、カンタマ様、そしてコノハナサクヤヒメ様とイワナガヒメ様の御父上にあたるマウラ様[*1]について、どのような印象の方でございましたでしょうか。お教えください。

瀬織津姫　祝いの席にて、御挨拶があったくらいのことでございます。我ら山住の者は、誠心誠意オオン神にお仕えいたしました。また、オオン神をお守りせねばなりません立場でございますので、私とよく会っていましたのは、兄だけでございます。

コノハナサクヤ姫とイワナガ姫の婚儀に関する時に、マウラが何か申し上げたように古事記、日本書紀[*2]に書かれておりますが、根も葉もないことでございます。私の血筋の者は、宮中の恐ろしさをよく存じております、あのような、神を神とも恐れぬ言葉をまことしやかに伝えられておりますことは、山住へのやっかみとしてしか考えられません。姉妹の母親が違っていたことにも問題はありましょう。しかし、この後のコノハナサクヤ姫に対しての策謀は許しがたいものがございました。

［2015年2月21日］

＊1　マウラ　タニノサクラウチ（瀬織津姫の父）の御子オオヤマカグヤマツミの3人の御子の一人。兄にカグヤマツミとカンタマ。カグヤマツミの妻が宗像三女神のタキコ（江島姫）。

＊2　古事記・日本書紀での記述
「私の娘2人を瓊瓊杵尊様に献上したのは、イワナガヒメを娶れば、天神の命は、常に石のように長い命を得られる。木花咲耶姫を妻にすれば、桜が咲き誇るように栄えるだろうと思って献上したのです。しかし、ニニギ様は、姉を返してしまわれた。これによって天神の御子の命は、木の花のように短いものとなるでしょう」

川上御前とのご関係

Q　越前和紙の技術をお伝えくださった川上御前様[*1]は、もしやセオリツヒメ様でしょうか。

瀬織津姫　いいえ私ではありません。詳しくは知りません。皇后の役目というものがあり、皇后教育は幼い時よりいたしました。私は山繭《やままゆ》（蚕《かいこ》）を飼うことを聞かされ、また実習もいたしました。他のお后でしょうか？

［2015年12月19日］

＊1　川上御前
福井県越前市の伝統産業、越前和紙の紙すきの技術を伝えた、謎の女神。

ふるさと柿田への思い

Q　アマテル様のもとへ嫁がれた後は、ご実家のカキタノ宮へは里帰りされたことはございますか。オシヒト様はカキタノ宮へいらっしゃったことはございますか。またご実家、ご実家近くのセオリツヒメ様にとっての良き思い出の場所をお教えいただけますでしょうか。

瀬織津姫　私の好きな場所は、あくまでも実家のあるカキタノ宮です、此処は気持ちが楽になります。緊張の続く宮中は、ほっとはできません。近くは、富士の姿が美しい富士宮があった場所が好きです。良いことも悪いこともありましたが、若き日のキラキラした思い出は、私の青春を彩るものでございます。オシヒト様[*1]はいろいろな御事情があり、大人になられてから実家へは参られました。実家も母が居りませんので、登庁した父が宮中に来られて会うようになさっておられました。多賀の宮の方にも行かれました。しかし、ハタレの乱[*2]で大きな傷を負われておりましたので、頻繁にはお会いできませんでした。

［2015年12月23日］

＊1　オシヒト　第9代天神の天忍穂耳命。天照大神と瀬織津姫の御子神。伊勢神宮外宮域内

の藤岡山の上御井神社、または多賀宮の近くの下御井神社のわきの産屋で御生誕される。

＊2　ハタレの乱　天照大神の御代に起こった全国的な動乱。ハタレは人のねじけた心が原因となって生まれ出た人の道から外れた存在。六ハタレ＝シムミチ・ハルナハハミチ・イソラミチ・キクミチ・イツナミチ・アメヱノミチの6族、数十万人の大反乱であった。カナサキ、フツヌシ、タケミカヅチ、カダマロ、イブキドヌシ、クマノクスヒらが戦い、70万人あまりを改心させる。特にカナサキ（住吉神）がヤワラキ（和らぎ）をもって、敵対者を説得することを提案し、これに重点が置かれた。瀬織津姫が二見浦の夫婦岩にマフツノカガミを置き、ハタレの正体を映し出して改心をさせたことや、猿沢の池で、入水自殺したハタレを魂返ししたこと、和歌山の高野山で、連行された多くのハタレが引かれるひもで首が絞まって亡くなり、同じくこれも魂返しをしたことなどがホツマに詳しく記される。

海路でヒタカミへ

Q　トヨケ様のいらっしゃるヒタカミへ向われた時は、海路だったのでしょうか。陸路だったのでしょうか。

瀬織津姫　海路です。カナサキ様[*1]の船で参りました。兄たちも皆、海路にてヒタカミに参りました。船は安全に安全を期しました。無理はせず、気候の良い時を選んだと思います。私はその船で、猫という生き物を初めて見ました。毛色は3色の、珍しい宝だと言われました。

［2015年12月18日］

＊1　カナサキ　住吉神。阪神間に拠点を持ち、イザナギ・イザナミのもとよりイワクスブネ（岩樟船）で送られた幼いヒルコ姫＝ワカ姫をヒロタ（拾うた）で養育する。神戸市東灘区渦《うず》森台《もりだい》の本住吉神社奥社は、その中心地であろうか。造船の技術を持つ家系。全国の海洋を熟知する。和歌の名手でもあり、蛭子姫に和歌の教育をする。娘のハヤアキツヒメは天照大神の后として入内する。後に九州へ移り、一大拠点を形成する。アマノコトネ様の霊視によれば大阪府の住吉大社の海神社の祭神はカナサキである。

第二の故郷　東北・ヒタカミとの深いご縁

Q　今から16年前の１９９９年の夏、六甲山中、芦屋市奥池にお住まいのF様という方と知り合いとなりました。その方のご祖母様に当たる方は、岩手県遠野《とおの》の方で、オシラ様[*1]を祀る御家柄であり、また、セオリツヒメ様を祭神とする早池峰《はやちね》神社[*2]となにかご縁があるという方でした。

同年秋、私は家族旅行で伊勢参拝の折りに、外宮の下御井神社で、住吉脩一《すみよししゅういち》様というホツマ研究家と初めて出会いました。この方は東北岩手のオシラ様は、天忍穂耳命《あめのおしほみみのみこと》様のことではないかということを研究されていました。そのようなことがあり、お二人を引き合わせ、F様のご実家に、住吉様がご訪問される、というご縁を取り持つことがありました。

昨日2月28日、F様と10年ぶりくらいに偶然出会いまして、その間に私が出版した2冊の本と、六甲とセオリツヒメ様の関係についての論文をお渡ししてお話をすることができました。その時にF様に伺って確かめましたところ、ご祖母様が、なんと早池峰神社宮司家のご出身であることを確認いたしました。

ホツマに依《よ》らないでセオリツヒメ様を研究されている方々の中には、東北が最もセオリツヒメ様とご縁が深い場所である、という説を持つ方もいらっしゃいます。

セオリツヒメ様と、東北ヒタカミ（日高見）とのご縁に関するものとして、セオリツヒメ様が御幼少の時に、トヨケ様アマテル様にお会いされたことをお聞きしました。そしてオシヒト様（天忍穂耳命）が、ヒタカミで政務を司っていらっしゃったことからのご縁が思い浮かびます。

龍村仁《たつむらじん》監督の『ガイアシンフォニー第八番』[*3]ではセオリツヒメ様を祀る宮城県気《け》仙沼《せんぬま》市の舞根《もうね》神社[*4]（瀬織津姫神社）が紹介されていますが、こちらはキシヰ国（紀州＝和歌山県）の熊野からの勧請《かんじょう》で奈良時代の創建、さきの早池峰神社の創建も８０７年（大同２年）です（いずれも祭神名は伏せられたり、変えられたりという、えも言われぬ紆余曲折の歴史があるようです）。セオリツヒメ様と東北ヒタカミのご縁について、お知らせください。

瀬織津姫　うれしいですね。ヒタカミのことをお話しいたしましたらよろしいのですね。

我が父は、トヨケ様の居城と町づくりに協力いたしました。まだ父も若く、私も許されて、父の傍で生活もいたしました。トヨケ様の元には、将来アマテル君にお仕えする兄のような子供たちが多く居りました。皆、母の元から離されたとはいえ、気丈《きじょう》に凛々《りり》しく生活をしておりましたが、自分の臣下の者が参りますと、自分を出して甘えたものです。我が家では、そんな子供たちを塾生のように迎え入れ、お世話しております。私は、子供の時よりトヨケ様にも可愛がっていただきました。何より私の気の強さが、トヨケ様のお気に召されたそうです。女の子ですから禊《みそぎ》は許されませんのに、「平気で仲間に加わっていた」と父が注意をされたほどです。

「この子は本当に清い水が好きと見える」「のちの世に名をセオリツとするが良かろう」と、このころに名前も頂戴したようです。「一番齢《よわい》が下なのに、子供たちの癖や弱みをよく知った子で、女にしておくにはもったいない」と、皆からよく言われました。私が一番気に入っていたのは、アチヒコ様[*5]でした。何と言っても頭の聡明さは群を抜いておりました。「梅檀《せんだん》は双葉《ふたば》より芳《かんば》し」[*6]という言葉は、アチヒコ様の為にあったようなものです。この人についていけば損はしない、ということを一番知っていたのも私でした。

宮中に参内いたしました時も、重臣のほとんどが顔見知りで、子供の時の弱みを握っている人もいました。入内した時、臣下のことを知っていたことで、オオン神のお役に立っていたと思います。

私も7歳を過ぎますと、メ（女）としてのミヤビを教育される時が参りまして、カキタの宮の方に帰りました。

このように、今でいう幼稚園の時期はヒタカミに居りました。父が柿田に帰る時は、付いて帰るのが常でした。神社が東北にありますのも、私としてはうれしいものです。私の好きな清き流れも冷たき水もありますものね。しかし、トヨケ様のお力あってのヒタカミでございます。タの一族のお力は、私が一番よく知っております。

オシラ様というのは、シラヤマ様[*7]のことでございましょう、ヒタカミで、シラヤマ様のお力を知らぬ者はございません。ましてやイザナギ様の力強い御親戚でございます。

私とシラヤマ様、シタテル姫様はメ（女）の道[*8]の契りを結んでおります。はっきり申し上げて、シラヤマ様はメ（女）の道の要でございます。神界におきましても、シラヤマ様はトヨケ様のお取り次ぎ役でございます。

［2015年3月1日］

＊1　オシラ様　柳田國男の『遠野物語』で知られる、東北地方で信仰される神様。蚕の神、農業の神、馬の神といわれる家の守り神。

＊2　早池峰神社　早池峰山を神奈備山とする神社で祭神は瀬織津姫。

＊3　『ガイアシンフォニー第八番』

映画『地球交響曲（ガイアシンフォニー）』とは、イギリスの生物物理学者ジェームズ・ラブロック博士の唱えるガイア理論、「地球はそれ自体がひとつの生命体である」という考え方に勇気づけられ、龍村仁監督によって制作されたオムニバスのドキュメンタリー映画シリーズです。

美しい映像と音楽、珠玉のことばの数々によって織り成されるドキュメンタリー映画『地球交響曲』は、環境問題や人間の精神性に深い関心を寄せる人たちのバイブル的存在となっており、1992年公開の「地球交響曲第一番」から2015年公開の最新作「第八番」まで、草の根の自主上映を中心とした上映活動だけで、これまでに延べ、240万人に上る観客を動員、その数は今なおとどまることなく、かつてないロングランヒット作となっています。(『地球交響曲（ガイアシンフォニー）』ホームページより）

＊4　舞根《もうね》神社　祭神瀬織津姫。大野東人《おおのあずまびと》が養老2年（718年）に、元正天皇の勅命によって、蝦夷の降伏の祈願所として、和歌山県熊野本宮の熊野神を勧請した。

＊5　アチヒコ　思兼命のこと。

＊6　栴檀《せんだん》は双葉《ふたば》より芳《かんば》し
白檀《びゃくだん》は発芽のころから香気を放つ。大成する人は幼少のときからすぐれているというたとえ。（Goo 辞書より）

＊7　シラヤマ様　白山菊理姫。ククリヒメ・ココリヒメ。イザナギの姉または妹で、天照大神御生誕の時、天照大神のお言葉を聞き取ったことから聞くきり姫という名前でも呼ばれるようになった。

＊8　メ（女）の道　天照大神がノコシフミで、瀬織津姫に女の心を守り通すことを要請する。女性の平和を守る優しい心、生命を生み育て、次世代を担う人材を教育する大切な役割を果たすこと。

第2章　宮中でのご活躍

入内の準備・個性豊かな十二后《そふきさき》

Q　セオリツヒメ様は、アマテル様の十二后[*1]の御后のお一人として入内《じゅだい》されることがお決まりになってから、特別なご準備＝御后になるための教育をご実家、また宮中でもお受けになったのではないかと思います。様々な作法をはじめ、機織《はたお》り、器楽演奏や舞、その他のことなどもご習得されたのでしょうか。他の11名の后についても、お伝えください。

瀬織津姫　まず后に選ばれることはこの上もない名誉でございますが、皆様それぞれに特技がおありになりました。その技術は宮中においてもフルに発揮されました。私の特技は、薬品の調合と香りの調合です。

妹の機織りの技術は誰にも勝るものでした。花をお生けになれば、この方以外にはいないというアサコヒメ（よく野に出ておいででした）、武芸に秀でておいでのソガヒメ（全てに男性のような身のこなしでございました）、オサコヒメは妹と同じ機織りとカダガキ、*2楽器の名手で草笛など私も楽しませていただきました。ミチコヒメは馬術。コタエヒメは舞がお得意でした。ハヤアキツヒメは、お歌と和歌がお得意でした。アヤコヒメはなんと数学がお得意で、オオン神もたいそうお役に立てられた、と聞いております。アチコヒメは星座をよく見られ、大そうなお力を発揮されました。

モチコ様は、御一族から期待をかけられた方で、頭の良さをお持ちでした（異国の鉱物のことをよくご存じでした）。ハヤコ様は、クラキネ様*3から頂いたという、異国の楽器を演奏になるのがお得意でした。残念なことに、この楽器の演奏を聴く機会はありませんでした。お二人とも、ろうたけた美しさをお持ちでしたが、我らから見ると、それは怖いようなお顔立ちでした。

皇后になることが決まりましてから、立ち居振る舞い、宮廷行事の数々、知っておかなくてはならないオオン神のくせから、お世話の仕方、年中行事、祭式のこと、特に蚕のお世話と糸をつむぐ技術の伝承、宮中で働く者の役割と使い方から、薬草の管理、言葉使い等々。時間が飛んでまいりました。

［2015年1月2日］

＊1　十二后　オモタル・カシコネは世継ぎの御子に恵まれなかった。それに加えて、極端に男性が減ってしまっていた。世継ぎの皇子を確実に得るために、天照大神には12人の后が全国の有力豪族より集められた。東西南北・春夏秋冬にあわせ、東の局には東北ヒタカミのオオミヤヒメミチコ、タナバタヒメコタエ、筑波のソガヒメ、南の局にはハラミ（富士山麓）のセオリツヒメホノコ、その妹ワカヒメハナコ、筑紫の粕屋のイロノエヒメアサコ、西の局には、ヒロタ（阪神間）のハヤアキツヒメアキコ、筑紫宗像のオリハタヒメオサコ、トヨヒメアヤコ、北の局は、イザナギの弟クラキネの娘、根の国（北陸）のマスヒメモチコ、コマスヒメハヤコ、山城（京都）のカダノアチコ、そして中宮として南の局の瀬織津姫が抜擢され、それを補うために美濃の国のウリフ姫が入内した。

＊2　カダガキ　葛掻《かだが》き。イザナギが宮の垣に茂る葛《カダ》を掻く糸薄《イトススキ》にヒントを得て造った三弦琴。琴の原型。葛の葉に似せて作ったというから、琵琶の形に近いものと思われる。（駒形一登氏「ほつまつたゑ　解読ガイド」より）

＊3　クラキネ　イザナギ・シラヤマ姫の兄弟で、モチコ・ハヤコの父。

動物の飼育

Q　宮中では蚕を飼って、絹織物を作っていらっしゃったと思いますが、ネズミ除けなどの意味で、猫を宮中で飼っていらっしゃったのでしょうか。そのほか、いずれかの小動物を、ご実家や宮中で大切に飼われていたのでしょうか。

瀬織津姫　猫は宝と言われました。犬は我が実家では飼っておりました（山の猛獣と戦うには、利口な犬は不可欠ですから）。声の良い小鳥は宮中でも飼っておりました。

［2015年1月2日］

瀬織津姫のミヤビ

Q ミヤビという言葉は現代では、「上品で優雅なこと。宮廷風・都会風であること。風采の立派なこと。元は地方風・田舎風を意味する『鄙《ひな》び』の対義語として用いられた」というふうに解釈されています。けれども、ホツマの中には、何度もミヤビのことが出てきており、異なった意味で使われているようです。

ホツマの6紋には

その中一人　素直なる　セオリツ姫の　ミヤビには
　君も階段《きざはし》　踏み降りて　天下がる日に　向《むか》つ姫《ひめ》　遂《つい》に入れます　内宮《うちみや》に

とあり、アマテル様がセオリツヒメ様にお心を奪われたのは、そのミヤビでした。

セオリツヒメ様のお母様は、心の美しさが容姿の美しさに表れていたことをお聞きしていますが、そのこととも関わるものと思われます。ミヤビについてのお考えをお伝えください。

瀬織津姫　ミヤビというものは、尊い者しか発することができません、ミヤビを感じる者も、感じさせることができる者も、全てが整っていないと、感じることはできないものでございます。それは子を慈しみ、自らの乳を我が子に含ませる母の胸元から立ち上る、えも言われぬ安心感と、ホノカな匂いのような、目に見えない慈しみや慈悲の感覚、と申し上げたいと思います。ミヤビは生まれ持ったものでございます故、それが発揮できる環境もめでますし、見えるもの、見えないもの、空気、雰囲気、物事が整っていくながれ、人の動作の本質的な美しさをわかり、かもしだすことができる、全てのものに対しての賞賛を具現したもの、のことをミヤビと申します。私はそのように捉えております。

たとえば、シモテル姫様の琴の音は、暮れゆく日の光と織りなして、人の心を洗います。この音に、山から吹く風の音が絡まるか、波の寄せては返す音が絡まるかで、人の心のミヤビが反応いたします。ミヤビは、発する者と受ける者の双方が織りなす綾織のようでございます。

［2015年1月17日］

向津姫の名を賜った記念日

Q　3月21日はムカツヒメ様の祠《ほこら》*1の大切な縁日であり、その日にお参りをすると、百日参りしたのと同じ霊験がある、と伝わっていることを、六甲比命講代表の柿田様ご夫妻からお聞きしております。その御由来をお教えいただけますでしょうか。

瀬織津姫　「ムカツ姫」の御名前を頂きました日でございます。なんとアマテラス様の御光をこの身に受けるというたいへんなお名前を頂きました。私の光栄を皆様方にお分けしたく思います。また確かこの祠を見つけてくださり、祠開きして頂きましたのも、この日の近くではなかったでしょうか？　どうもこの春がめぐる時が、私には縁がめぐる時のようです。

［2015年1月1日］

＊1　ムカツヒメ様の祠　兵庫県神戸市六甲山頂尾根付近の六甲比命神社。２０１１年7月に、大江が六甲比命神社を瀬織津姫の御陵ではないかと推定。以後、さまざまな調査等を経て、瀬織津姫との関連を断定。翌２０１２年3月4日、祠開きを開催。同月、三重県二見浦で催されたホツマサミットの席上で、ムカツヒメ様の祠の特定を公表。今回のお聞き取りで、瀬織津姫の御陵の予定地とされたが、御陵ではなく、御神霊の宿る磐座であることをお教えいただく。天照大神＝日の神の前に向かう姫。天照大神を祀る廣田神社では、祭神のまたの御名が撞賢木《つきさかき》厳魂《いつのみたま》天疎《あまさかる》向《むか》津《つ》姫《ひめ》、と伝わる。

ご婚儀

Q　新暦ではありましたが、先日、3月21日は、以前お聞きしましたように、セオリツヒメ様がアマテル様より、アマテル＝日に向かう姫＝ムカツヒメのたたえな（称え名）を頂戴され、皇后の地位におつきになられたといってもよい、たいへんめでたい日です。

アマテル様との婚儀のご様子について、印象に残っていらっしゃることをお教えください。

瀬織津姫　婚儀のさまはどなたにも明かされません。ムロに籠り、天地を繋《つな》ぐ御業をいたします。私はオオン神に従い、同じようにいたします。ここまでしか、お教えできません。このことにより、モトモトアケ[*1]の大切さをよく理解することができました。またオオン神が、唯一無二のお方であるということもよく理解いたしました。この御業は夫婦二人しか行えぬもので、介添人《かいぞえにん》も下がります。

表の婚儀は、大そう華やかで各后が贅《ぜい》を尽くして居並びます中、晴れがましくも皇后の座に私が就くのでございます。儀式の行われます神殿は、山住の者が匂いの良い縁起の良い木を選び、新たに用意しました。我が実家の者は、この婚儀に誠心誠意尽くしてくれました。また、私たちに何事かあってはならじと、宮仕えの者たちを警備や護衛に配備してくれました。その者たちが宮内の警護をするようになりました。

トヨウケ様の御一族、イザナギ様の御一族、我が一族、各后の一族が一堂に会したのですから、たいへんな騒ぎでした。オオン神のお言葉に皆聞き入り、涙を流しました。本当に良い時代でありました。

［２０１５年3月25日］

＊1　モトモトアケ　アメミヲヤ（ホツマに登場する宇宙根源神）と、トホカミヱヒタメのヤモトカミ（八元神）＝アモトカミと、アナミ（アヒフヘモヲスシ）神、そして32神の総称。＝49神。フトマニ図を参照。

天忍穂耳命のご出産

Q　天忍穂耳命《アメノオシホミミノミコト》様をお産みになられた場所は、現在の伊勢外宮、豊受大神宮の藤岡山の忍穂井《おしほい》のそば、と、ホツマにありますが、現在多賀宮《たかのみや》と呼ばれるところの麓に下御井神社があります。そこのことでしょうか。それとも、上御井神社だったのでしょうか。また外宮祭神トヨケ様の、丹後マナイ[*1]からの遷宮は雄略22年（西暦４７８年）と、歴史学では言われておりますが、それ以前から、その場所は祭祀のための大切な場所だったように思われます。いかがでしょうか。

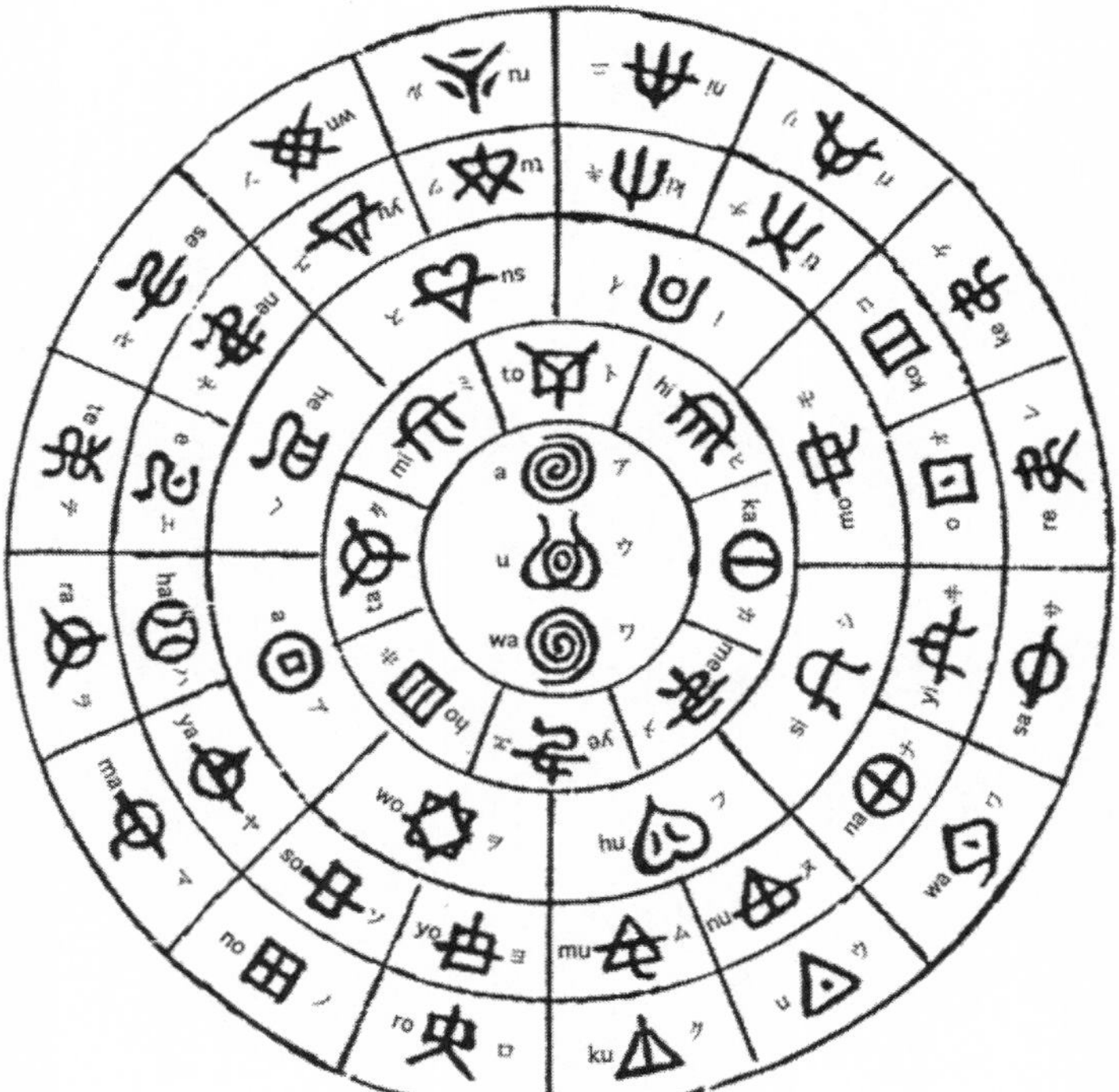

フトマニ図　提供：高畠精二氏

瀬織津姫　オシヒトの出産の場所ですね？　都の傍[*2]です。その当時の都は富士山の噴火もあり、伊勢に移されました。当時のオオン神はたいへんにお忙しく、私もつつがなく子が生まれるよう、気を遣いました。我が子の他にも御子が多く生まれました。わが身の危険を強く感じましたので、オオン神ともご相談をし、わたくしは任された仕事もあり、様子を見計らって移動いたしました。

丹後のマナイは、重要な国家の要でもあり、問題が頻繁に起こる場所でもありました。祭祀場としても整っております。オオン神のいらっしゃる場所が、全て国の中心となる場所です。

［2014年12月20日］

＊1　丹後マナイ　現在の京丹後市峰山町久次の比沼麻奈為神社とその神奈備山である久次岳の辺りを中心地とする、現在の峰山町・大宮町全域。この地より、西暦478年、伊勢の大佐々命を使いとして、伊勢の国山田原へ外宮祭神を遷座する。

伊勢外宮下御井井神社

＊2　都の傍　天照大神が統治を開始された当初は富士山麓の安国宮が都であった。ここで語られる都はその後、遷都した先の伊勢の伊雑宮のことを指す。ここで、天照大神と瀬織津姫は長年にわたって政務を司る。

ご出産の立ち会い

Q　天忍穂耳命様のご出産の時には、アマテル様はお近くにいらっしゃったのでしょうか。ご実家のご一族の方々はいらっしゃったのでしょうか。

瀬織津姫　オオン神は丹後のマナイの方に行かれておりました。出産は、実家から来ております者どもが私を守護しました。日嗣《ひつぎ》の皇子《みこ》のご誕生は多くの問題を秘めておりました。

［２０１４年12月20日］

ミミノハ

Q　オシヒト様のご誕生に際して、「ミミノハ」というトヨケ様からの御教えのようなものがあったように言われています。
どのようなものでしょうか。

瀬織津姫　有難いことでございます。オシホミミの由来ともなりました。またこの「ミミノハ」とともに、トヨケ様よりの念入りなお文も届けられました。君主たる者の心得と、君主たる者を育てる為の心得、出産の時までどのように時を過ごさねばならないか（今でいう胎教でしょうか）、母なる人の心の持ちよう（この時モチコ・ハヤコ様のこと[*1]は、トヨケ様はご存じであったようです）、心が萎えた時の治療法や心の持ち方、出産の仕方、特に産湯は人肌でなければならない（水の神、火の神、風の神への祈り方）など、力のある子を産むための、細々《こまごま》とした配慮がなされておりました。
ミミノハには、遠い昔にどうやってこの一族が選ばれ、綿々とこの血を繋がねばならないか、というような大切なことも書かれておりました。この血に誇りを持つことは皇后の務めである、とされておりました。女としての務めでもあります故、オシホミミを産みましてからは、国民の出産ということにも尽力することになりました。産屋での出産もこの書に書かれておりました。また乳に関しましても、皇后自らの乳を与えることの重要性も書かれておりました。

［2015年1月16日］

＊1　モチコ・ハヤコ様のこと　第3章「宮中での不穏な動き」を参照。

呼吸＝イキス

Q　また、イキス＝呼吸に関しても、ホツマ研究家の駒形一登様が「いき（息）」は言霊的にも生理的にも「いき（生き・活き・行き）」に直結するものから、人の呼吸やその数は非常に重要に考えられた、と指摘していますが、出産においても、また妖術に掛からないようにするためにも、重要なもののようです。お教えください。

瀬織津姫　我らの時代、常に病を恐れ、死をおそれ、そこを煽《あお》り立つ輩《やから》が横行した時代でもございます。その為の教育も、オオン神自ら熱心に御説きあそばしました。

出産ということを聞かれますが、当時の御産は命がけでございました。妊婦には「はあはあふ」という息使いを教えました。しかし、いきみの時にそんなことは言っていられません。付き添いが共にこの息使いを唱え、心を安定させました。出産には、清き水が欠かせません。また、この水を沸かす火も欠かせません。そしてこの息使いです。

天から授かります尊き命、母の身体から湧き出る乳は、その子を育てます。その乳は、大地の恵みを頂いたことによるものでございます。赤ん坊の一息が「あ」「う」「わ」でございます。

我らは、尊きチダマに生かされている人でございます。その人が、より人らしく生きることを、クニトコタチ様の尊き血の方々が我らに教えてくださったのです。

［２０１５年2月18日］

ミタネフミ

Q コモリ（子守神＝オオナムチの孫）様の「ミタネフミ（御種文）」は妊娠の過程、胎内の様子が詳しく描かれ、またそれが一年の月の名前の由来[*1]であることまで記されていますが、もしや、この内容が、セオリツヒメ様がご講義なされたトヨケ様伝来の「ミミノハ」の内容を踏まえたものなのでしょうか。

瀬織津姫 確かにコモリは「ミミノハ」の実行者でございます。我らの世は子孫繁栄を大きな目標に掲げ、子だくさんは国の誉れでございました。「ミタネフミ」はミミノハだけではなく、実際に出産に携わる者の実践記録でございます。シラヤマ様直伝の産婆たちも協力いたしました。ここには書かれなかったのですが、海の水の中での御産や、湖での御産など、水中での御産もなされていた時代でございます。これも、衛生状態の悪い当時の人々にとって、医療や薬草の知識のある人間は神様だったのです。また、病院のようなものはありませんでしたが、隔離する部屋のあつらえなども教えました。

［2015年2月21日］

＊1　一年の月の名前の由来　ホツマ14紋《あや》「世継《よつ》ぎ祈る祝詞《のとこと》の紋」には、人の受胎・妊娠・出産までの胎児の成長と関連して月の名前が付けれられていることが説明されている。

天忍穂耳命の御生誕日

Q　オシヒト様の御生誕の月は10月、とホツマに記されていますが、何日でしょうか。また、ホツマにありますように、呼吸数によって男児がお生まれになる、とあらかじめおわかりになって、ヰワタオビの締め方もそれに伴うやり方だったのでしょうか。

瀬織津姫　懐かしい話ですね。キクの祭りの日の前に生まれたのです。10月23日です。男帯も致しました。どんなことをしても、皇子を授からねばなりませんでした。これは、女の私の意地でもありました。

「ミミノハ」に添えられました、トヨケ様からのお文とともに、産婆（女性）が派遣されて参りました。トヨケ様のお文のことで思い出がございます。そのお文は、かなり前から書かれたもののようでございました。オオン神の時代、男の子を授かることの難しさはひとしおだったようですね。そんな苦労をオオン神にはさせたくないという理由もあり、12の局を置いたいきさつ、そしてそれが、私を苦しめていることもわかってくださっていることも伝えてくださいました。この文は、シラヤマヒメ様のご参内の時を待たれたようです。シラヤマヒメ様はキクキリ姫様[*1]のお力を持つ方でございます。

私のお腹の中の子供が皇子である確認をなさってから、ミミノハをお渡しくださいました。全てに世の乱れが起きないように、という御配慮でございます。子供の呼吸数を数えることのできる名人がおりまして、その人が正確に何度も数えてくれ、早いうちから皇子とわかりました。身動きが取れなくなる前に、お産の準備を山住の者たちが調えました。

［2015年1月17日］

＊1　キクキリ姫　天照大神のご幼名であるウヒルキ（大日霊貴《うひるき》）は御生誕の時に御自ら発せ

られたお言葉によるもの。それを聞き取れたことからイザナギ・イザナミよりキクキリ姫と称え名を賜った。また、皇室の紋章は菊と桐である。

天忍穂耳命の御養育

Q　一昨日の1月14日、ネット上で、あるホツマ研究者が書いていた、あまりに早すぎるセオリツヒメ様の神上がりの時期に関しての見解を見たその翌朝に、セオリツヒメ様ご自身の、神上がりのことに関してのお言葉（後出の項目「六甲山系の磐座」1月15日のお聞き取り）を拝見し、そのことがずっと気になっております。その方は、シモテル様とアチヒコ様がオシヒト様の御養育を担当された、という事実から、セオリツヒメ様の神上がりの時期をそのころであろう、という判断をしています。それが間違いであることは、セオリツヒメ様への今回のお聞き取りによってはっきりとわかってはおります。

瀬織津姫　はい、間違いです。

オシヒト様の御養育は前にも申し上げましたとおり、トヨケ様のお教えを受け継いでおられる国一番の知恵者であるオモイガネ様でなければなりませんでした。また、トヨケ様よりモトアケのこと、和歌のこと（アイフヘモオスシの神宿る音だまの力のなんたるか）を唯一知っておいでの、シタテル様にお任せしなければならなかったのです。オモイガネ様は暦のこともお教えくださったようです。

日嗣の皇子は、親元では教育はできません。それは皇室の決まり事です。私のお役目は「オオン神をいかに補佐しなければならないか」にかかっております。

私は、オオン神に災いが及ばぬように、宮中のことに気を配り、皇后の仕事に励みました。しかし、老いは人知れず、日々わが身に迫るものがございました。オオン神、シタテル様は、御血筋の中に長生きをする血をお持ちでしたし、千代見草の服用は血の濃い方々の日課でございました。私は皇后といえども、口にすることは許されません、花もいつかは枯れていくものでございます。息子たちの心に、若々しい姿をとどめる為には、老いを感じた時から会わなくなるのがよろしいのです。またイザナミ様もそうでございましたが、自らの亡骸をさらすこと等、考えてもおりません。オオン神には、事細かく私のほうから遺し文をいたしました。オオン神の方が長くお生きになることはわかっておりましたから、「私が死んだとしても、いつもあなたの傍に居りますから、私に意見を聞いてください」などと勝手なこともお願いいたしました。オオン神は責任感の御強い方でした。

［２０１５年1月16日］

シタテル姫とオモヒカネ

Q 皇后が御産みになった皇子としてオシホミミノミコト様＝オシヒト様がご誕生されて後、セオリツヒメ様が宮中で御育てにならないで、アチヒコ様（オモイカネ様）とワカ姫様（シタテル姫）の元で御養育されるに至った経緯は、宮中では危ないから、という理由もあったのでしょうか。

瀬織津姫 いえ、宮中日嗣の皇子は一番の知恵者の元で育てるのがしきたりでした。ともかく、これはトヨケ様からの厳しい申し伝えによりました。亡くなってからなおもトヨケ様の御威光は、深く宮中に残っておりました。

初めはイザナギ様の元で御養育がなされました。私も時々タガノ宮*1を訪れ、オシヒトの成長ぶりを拝見いたしました。オオン神にご報告すると、うれしそうにトヨケ様の所で過ごした日々を話されました。その時よくアチヒコ様（オモイガネ様）のことを話され、オモイガネ様が自分の身内に居られることが、将来の安心であることを話されました。また、イザナギ様の御面倒も、シモテルヒメ様とオモイガネ様にお頼み申し上げておりますことも安心、と申されました。オシヒトのことはオオン神がお願い申し上げ、自分と同じようにトヨケ様の教育をしていただきたい、といたしました。

［2014年12月23日］

＊1　タガノ宮　滋賀県の多賀大社・胡宮《このみや》神社。

ハコネ神＝天忍穂耳命

Q　ハコネカミと呼ばれたオシヒト様はそのおくり名から、多くの国民と直接接していらっしゃったように思われます。苗代の苗の如く、多くの民＝オオミタカラ[*1]を大切になさったことがハコネというおくり名の由来なのでしょうか。あるいは何か他の意味があるのでしょうか。

瀬織津姫　日嗣の皇子[*2]のお役目はまずは良き跡取りを世に残すことです。そのことは、クニトコタチの御血筋を絶やしてはいけないという一族の大いなる役割であり、使命であります。故にトヨケ様の大いなる教育のたまものである建国理念や、ミクサタカラ[*3]、モトモトアケを公開されたのです。オシヒト様は、アマテラス様の日嗣の皇子としての大きな期待と、周りの重圧を御一人で背負うには優しすぎました。どちらかと言うと、今でいういわゆる学者タイプです。一人でコツコツするのがお好きでした。周りに知恵者がたくさん居すぎたせいもあると思います。オオン神のように体系的なものを作り上げなくても良い組織づくりがなされておりました。

　オシヒト様のお仕事は、万民に日嗣の皇子とはいかなるものであるか、またこの地位こそ、万民の祖であるクニトコタチ様の恩恵であることを知らしめるお役目でございました。

世も少しずつ治まりますと、掛け替えのない御血筋を知らしめる必要性が出てくるものです。またこの時にも、アマテル様より口伝えの御修行もあり、公私ともにお忙しかったはずです。御怪我の身では、お辛く大変であられたと思います。そんなこともあり、御政務は義理の父上[*4]にお任せになられたのです。

［２０１４年12月28日］

＊1　オオミタカラ　民草。一般の人々。宝という言葉は、田から、が語源であることがホツマ23紋に記されている。田から自然の恵みを育て、収穫する農民であるから大御宝である。天皇が国民を大いなる宝として大切に守り、慈しむ、という意味が込められている。

＊2　日嗣の皇子　天照大神の霊を引き継ぐ、皇位を継承する皇子。

＊3　ミクサタカラ　三種の神器。

＊4　義理の父上　天忍穂耳命の后であるタクハタチチヒメの父君であるタカキネ。オモイカネ、フトタマ、ミホツヒメの父君でもある。ヤソキネの御子で7代タカミムスビ。天照大神の

補佐役も務める。高木神として記紀にも登場する。

天忍穂耳命の后　タクハタチチヒメ

Q　タクハタチチヒメ様[*1]もおくり名がスズカ神[*2]（鈴明神）、とたいへん素晴らしいお名前です。ホツマには、オシヒト様がイツヲハシリ[*3]でお隠れになった後は、スズカ姫様はイサワ宮[*4]で、アマテル様にお仕えされた、とあります。そこには詳しく記されていませんが、現在も内宮正宮《しょうぐう》[*5]に祀られていることからも、目立たないながらも大きな御役割を果たされたのではないか、と推定されます。スズカ姫についてご存じのことをお伝えください。

瀬織津姫　タの一族[*6]は、女は巫女（天と通ずる）になる気質の娘さんが生まれやすい一族でございます。タクハタチチ姫様もそのようなお方と聞いております。シタテル様は特別なお役目がおありですし、オオン神には私にはわからない御修行もあります。タクハタチチ姫様には二人の皇子の補佐役として、オオン神より教えておかねばならない儀式の内容や、細々としたしきたり等の伝承をせねばならない、と聞かされておりました。

瀬織津姫のお話の要約（アマノコトネ）　まず、ニニギノミコト様は多賀の宮で育たれ、タズカラオ*7がお世話した。天孫降臨の時もアマテラスから許しを得てついていった。親子2代にわたって日嗣の皇子の御養育に当たった。オモイガネ様はアマテラスのヘソノオを（忠誠心の証として）戸隠の宮の近くに埋め、その山を遥拝した。

［2014年12月28日］

＊1　タクハタチチヒメ　7代タカミムスビのタカキネの御子神。鈴鹿の山に御陵があるとされる。

＊2　スズカ=鈴明と鈴暗《すずくら》　鈴明はすずやかで、欲にとらわれることがなく、直ぐなる心を持つこと。反対に鈴暗は、（ホ）シイの気持ち。欲にとらわれて心が暗くなっていること。

＊3　イツヲハシリ　静岡県熱海市伊豆山神社（祭神天忍穂耳命　拷幡千千姫《たくはたちぢひめ》　瓊瓊杵尊《ににぎのみこと》）
または箱根の駒形神社と箱根山がその比定地。

＊4　イサワ宮　伊雑宮。三重県志摩郡磯部町上之郷。富士山麓の安国宮から遷都した場所。
この地で、天照大神は長年にわたって国を統治された。

＊5　内宮正宮　内宮境内の他の別宮・摂社などと区別するための呼称。男神天照大神を祀る。

＊6　タの一族　ミナカヌシ・クニトコタチの8皇子ト・ホ・カ・ミ・ヱ・ヒ・タ・メの8系統の神の中の一族。

＊7　タズカラオ　手力男命。ワカ姫と思兼命の御子神。

天忍穂耳命の補佐

Q　オシヒト様がハタレの乱の時に、大きな傷を負われたことを伺いました。オシヒト様はその後も、それが後遺症となって不自由をされていたのでしょうか。

瀬織津姫　オシヒトは生まれた時から体が弱く、御政務はオモイガネ様を中心に為されていました。これもトヨケ様のお考えです。オモイガネ様はトヨケ様とのお約束どおり、オシヒト様を戸隠の傍の都にお連れし、自らもそちらの都で過ごされました。

これは、オシヒト様には大変に良いことだったと信じます。この場所ではスズカ姫の父君7代目タカミムスビ、タカキネ様の庇護も得られたからです。それほどにハタレの乱は、我々の血の存続にも関係しました。女はあくまでも血の存続に大切なものでございます。我が血筋から、コノハナサクヤヒメを出せたことは誇りです。イワナガ姫は、私が責任を持って抑えねばなりません。

オシヒト様はたいへんな御怪我をなさり、床に就くことの多い日々でした。しかし二人の皇子[*1]にも恵まれておりました。

［２０１４年12月27日］

＊1　二人の皇子　天火明命《アメノホアカリノミコト》と瓊瓊杵命《ニニキネノミコト》。

Q　またオシヒト様のこの深傷が、カフノトノ＝タカキネ様に政務を代わっていただいた原因であったのでしょうか。

瀬織津姫　そうです。御政務はたいへん体力がいる仕事です。オオン神は健康な方でしたから何ら支障はなかったのですが、オシヒト様の世は、皆が力を出し合ってことを進めていく時代となったのです。統治する土地が一挙に広まったことも原因の一つです。より力のある者が統治し、政務をまとめていかねばならない時代となったのです。

［２０１４年12月27日］

瓊《に》瓊杵命《にきねのみこと》の御即位の時

Q　一方で、ホツマ24紋には、ニニキネ様の御即位に際して、

「文を御孫に　授けます　セオリツ姫は　御鏡を　持ちてカスガに　授けます　ハヤアキツ姫は　御剣を　持ちてコモリに　授けます」とあります。

瀬織津姫　この時はその場に居りましたので、この記述に間違いはありません。ニニキネの皇后に私の姪もお願いいたしました。

［2015年1月16日］

千代見草・薬草

Q　ホツマには、アマテル様は、ご長寿を全うされるために、千代見草《ちよみくさ》*1を召し上がられていた、とあります。年号の計算法が現在のものと異なるのでしょうが、アマテル様はおよそ170万年の長きにわたるご生涯であったとあります。千代見草についてお教えください。

瀬織津姫　千代見草は、トヨケ様の時代にもすでにあったそうです。神でいていただかなくてはならない御方々には、この千代見草を召し上がっていただいたり、粉にして匂いを嗅ぐための処方をしたりいたします。我が一族はこの千代見草の管理もいたしておりました。富士に荘園を作ろうとしましたが、根が深く日光も問題があり、見つかる原種も少ない為、専門の者も気を遣いました。また、富士にしか生息しない不思議な薬草です。富士の噴火がこの草の生息圏でありました為、残念ながら富士の噴火以降見つからなくなりました。

お役目のある方々のお命のこと、何があっても病にかからず、死さえも自分で決めて祠に入ることの決断ができる、強靭な魂を持つことができる者が、神でありました。それゆえ人々の上に立てたのでございます。その心得を得た上の千代見草です。

今の年代の数え方とはかなり違います。暦の作成に当たったオモイガネ様のころより、人の年の数え方と、農耕で使う日のめぐりによる1年の収穫物や、天候、魔の入りやすい季節の対処法などにまとまりが出てきました。そのめぐりは別のものとして考えられたのです。

多くの年を経たものが（トヨケ様に準じて）賢いのです。我々の時代は、薬草の使い方を知っている者は皆に尊敬を受けました。
［２０１４年12月20日］

＊1　千代見草　国語辞典では松、または菊の異名とされる。神山の麓に生ふるちよみ草、植ゑ置きてこそミツギ（御調）ものなれ　ホツマでは、富士山麓にかつて生育していた苦菜で、これを食すことによって長寿を得る、というもの。ハホ菜・ラハ菜・ミ草の3種の草で、これが生えていることから富士山はハラミ山と呼ばれた。神世の時代の富士山の噴火によって、現在は消滅している。

薬草の研究

Q　セオリツヒメ様がご研究されていた薬草や香りの調合などで、現在も伝わっているものもあるのでしょうか。

瀬織津姫　私は春に出る、ヨモギの研究をいたしました。香りの強い植物ほど私たちの身体に効きます。我が山住の一族は、どうすれば人は病になり、どの植物で治すことができるか、という嗅覚のようなものがあります。研究し、工夫して皆に役立つものを探します。また、染色に使います色の研究もいたしました、岩や塩の使い方も研究いたしました。今伝わるものでもかなり多くのものが残されていると思います。［2015年1月4日］

薬草園ヨロギのクシヒコ

Q　薬草といえば、ホツマに滋賀の高島の近くにある、クシヒコ様の薬草研究所、ヨロギ(万木＝ユルキ)が登場します。そちらへもいらっしゃったことはございますか。クシヒコ様には、何か、薬草の御知識を御伝授なされたのでしょうか。[*1]

瀬織津姫　当然です。イザナギ様が薬草の専門家であり、シモテルヒメ様がこの伝承者です。私は皇后でありましたが、オオン神の身の周り、お口になさるものの管理は、私がしっかりやりました。シモテル様は、和歌をはじめこの薬草のことも細かく相談に乗ってくださいました。特に息子が病弱であったこともあり、注意いたしました。

［2015年1月4日］

＊1　クシヒコ　オオナムチと宗像三女神のタケコの御子。エビス。天照大神がヤマトオオクニタマノ神の称え名を授ける。大物主とは物部（軍事部隊）を統括する主のこと。オオナムチが初代オオモノヌシであった時、クシヒコは事代主の役職を得る。その後、2代目大物主となる。晩年に天照大神より天の逆矛を賜って、大和の三輪山の洞に入る。
ヨロギは、滋賀県高島市安曇川《あどがわ》町《ちょう》青柳《あおやぎ》、與呂伎《ヨロギ》神社のあたり。

七草

Q　みたらし団子、といえば、下鴨神社境内、セオリツヒメ様を祀る唐崎社[*1]（井上社）が思い浮かぶのですが、ヨモギ餅あるいは七草などは、もしかするとセオリツヒメ様が御考案されたものなのでしょうか。と申しますのも、アマテル様がこの七草でオオクマトの瘡

（カサクサ＝皮膚の病）をお治しされたことがおありだからです。

瀬織津姫　私が考案したというより、年中行事の中で皆が食しておりました。確かにオオン神に毎日召し上がっていただくものには気をつけました。オオン神が行幸なさる際は、必ず我が配下の者をお側係として付け、健康管理をいたしました。その者から細かいご様子を聞きました。

［2015年1月5日］

＊1　唐崎社　滋賀県・京都市、北大阪に唐崎神社が数社鎮座するが、いずれも、祓えに関する行事と関わる。滋賀県高島市と京都市下賀茂神社の唐崎社（元は出町柳付近に鎮座）は瀬織津姫が祭神。聖徳太子創建の京都六角堂にも唐崎社がある。かつてこの3社は一直線上に並んでいたようである。

長寿の必要

Q　中国から徐福[*1]一行が渡ってきて、蓬萊《ほうらい》の不老不死の薬を求めた、というのは富士山の千代見草だったわけですね。海外にも知れ渡るくらい有名になったのは、当時の日本に、アマテル様やセオリツヒメ様、サルタヒコ様のようなたいへんご長寿の方がいらっしゃった、ということも同じく広く知られていたからでしょうか。

瀬織津姫　頂点を極めた人間が思うことは、「この世が長く続き、その頂点の栄華を自分のものにしていきたい」ということでしょう。我らは全ての初めです故、オオン神にお命を長らえていただき、御教えをいかにしたら頂けるのか、ということで、長生きしていただかなくてはならなかったのです。また天の一族の方は、私たちより長生きでいらっしゃいました。またご自分の死期をも悟り、牟妻《むろ》にこもることをいたしました。徐福という方は、我らの時代より下った時代の方ですので、そんな噂も流れたのかもしれませんね。

長生きをすること、即ち知識の豊富な神のような人、と言うのが正しいと思います。

［2015年1月6日］

＊1　徐福　秦の始皇帝の命令で、蓬莱の国、日本へ不老不死の仙薬を求め、多くの若い男女と、様々な技術者を伴ってやってきたとされる人物。

健康管理の継承・御寿命の相違

Q　そして、セオリツヒメ様は御長寿のための薬草、千代見草を管理されてきたオオヤマズミの御一族の方で、アマテル様のご健康維持・ご長寿の全うに並々ならぬご尽力をされてきた方であることもわかってきました。もし、差し支えなければ、お伝えください。

瀬織津姫　私亡き後のオオン神の健康管理は、ハヤアキツ姫様にお任せいたしました。千代見草の材料も早いうちになくなりましたので、食による管理、新鮮な野の物や新鮮な魚など事細かくお教えいたしました。千代見草に代わるものを随分探し回りましたが、ございませんでした。

私が、先のお答えで、「早く死にました故[＊1]」と申し上げたこと、余計な気をまわしていただきましてありがとうございました。私も、自分の衰えはよくわかっておりました。オオン神と比べますと、私の方が十分に若いはずですのに、気になることが出てまいります。子を産みましてからは、イザナミ様と同じで、体の衰えを感じました。またモチコ、ハヤコ様の良からぬ念によりますものか、シタテル様を御頼りすることもしばしばでした。そんなこともあり、「私は臥せっております」、という噂を流したり、はたまた「神上がられたのでは」、という噂を撒いたり、と大変な時期もあったのです。［2015年1月16日］

瀬織津姫　私は、ハタレの乱の時にはアマテル神とともに戦いました。ワカヒメ様の神上がりのご様子は人々の口に上るほどのミヤビな神上がりでございました。私は皇后として、オオン神のお許しを得てワカヒメ様とともにメ（女）の道を通させていただくことにいたしました。

ワカヒメ様の絶大な庇護のもとにありました私も、タナキネ様[*2]に任された私の身体は、山住の家の秘伝の生薬でまだ若々しく保たれておりました。

しかし私が尊き血の方と同じ寿命のわけがございません。オオン神に比べましたら若いとつい言葉に出しました。お若いオオン神を見ておりますと、私のお役目にも限りがあることを思い知る日々でございました。

［2015年2月9日］

＊1　このお言葉は、編集の都合上、後の10章六甲山・六甲比命の磐座の「六甲山系の磐座」の項でのお聞き取りに出てきます。

＊2　タナキネ　天穂日命の諱《いみな》。天照大神とモチコ姫との間の御子で長男として誕生。詳細は後出。

キシヰ（紀州）の穂虫祓え

Q　穂虫の被害に悩まされたキシヰの国の人々をお救いなさるために、セオリツヒメ様はワカ姫様とともに、穂虫を追いやる神事をなさったこと[＊1]が、ホツマに記されています。この穂虫を祓うご神事は、キシヰ国の1か所ではなく、いくつもの場所でなされたのでしょうか。

瀬織津姫　我々二人が関わったのは1か所です。このやり方をこの地の人に教えました。しかし、ワカヒメ様はこの地に残られ、その都度歌を歌われてホ虫を祓う御神事をなさいました。

［2014年12月22日］

＊1　穂虫祓え

時移りアマテル神（天照神）がイサワの宮（伊雑宮）に坐して政治（まつり）を執っておられる時の事です。キシイ（紀州）の国から矢継早に伝令が飛びきたり、「キシイの稲田（いなだ）にホオムシが大量発生して、稲が大被害を受けました。一刻も早くオオン神（天照神）の御幸（みゆき）をお願いして、稲虫祓いをしてください」と繰り返し願い出ました。

運悪くその時オオン神は、トヨケの神の亡き後を継いでアメノマナイ（真奈井）に御幸（みゆき）後の事でした。民の嘆きを聞いたムカツ姫（中宮・セオリツ姫ホノコ）は、何とかして民の嘆きに応えたい一心から、とりあえずワカ姫共々現地に馳せ参じて、行動を開始しました。

ワカ姫は先ず、田の東に立ってオシ草（玄人）を片手に持ち、もう一方の手に持つ桧扇（ひおうぎ）で扇ぎたてて、即興の歌を詠みながらホオムシを祓いました。すると虫が飛び去ったのを見たムカツ姫は、三十人の姫達を二手（ふたて）に分けて田の左右に佇（たたずま）せて、皆一緒にワカ姫の作った稲虫祓いの和歌の呪（まじない）を歌わせました。

くりかえし、繰り返しして三百六十回歌い続けて、最後にオシ草と桧扇（ひおうぎ）を皆が一斉にどよませ大声を上げれば、虫はザラッと一気に西の海の彼方へと飛び去り、稲田は元の様に鎮（しず）まりました。

これが稲虫祓いの和歌の呪（まじない）です。

稲種（タネ）・畑種（ハタネ）　大麦（ウム）・小麦（スキ）・大触豆（サカメ）
　大豆（マメ）・小豆（スメラ）の　ゾロ（稲）葉（は）も　喰（は）めそ
　　虫（むし）もみな鎮（し）む

このワカ姫の歌により無事災いは祓われて、再び稲は元通りに若やぎ、蘇《よみがえ》りました。（高畠精二氏ホツマツタヱ現代語訳より）

日前宮

Q　その時のセオリツヒメ様、ワカ姫様への御礼として、キシヰ国の人々が、日前宮、玉津島の宮を献上されたこともホツマに記されています。日前宮の元の社地は、現在地より南の海岸沿いの濱宮《はまのみや》*1ですが、キシヰ国へはどれくらいの期間ご滞在されたのでしょうか。

瀬織津姫　オオン神の御命令ではありましたが、私はキシヰの人々が喜んでくれましたことを大切にいたしました。オオン神の、羽虫の害が収まるのを見てくるように、との命令でありましたので、様子を見たのは半月に満ちません。宮の中にも大きなお役目があり、急ぎ戻らねばならなくなりました。

［２０１４年12月22日］

＊1　濱宮　日前宮が元あったとされる場所。境内には、現在も、日前宮と国懸宮《くにかかすのみや》の両方が並ぶつくりが継承されている。和歌山市毛見。伊勢神宮元宮（元伊勢）の「奈久佐浜宮《なぐさのはまのみや》」の比定地でもある。

日前宮

日前宮でのご静養

Q　日前宮・国懸宮の荘厳さからすれば、セオリツヒメ様も比較的長期にわたって、ご滞在されたものと思っておりました。

瀬織津姫　これに関して、あの事件の後、気が向くと別荘のようにこちらの館は使いました。シモテル様は長く逗留されておいでです。多くの女官や使用人を連れての旅は、宮中の権力を表す必要もあり、それにはちょうど良いのです。こちらは、体力が落ちた時などの保養にも使いました。質素倹約は身に付いてはおりますが、たまの機会です、ありがたく使わせていただきました。

この地で私はシモテル姫様のお優しさに触れることができたのです。

［2014年12月23日］

水のご神徳

Q　1月8日はタナキネ様の祀られる芦屋市の芦屋神社*1へお参りいたしました。境内には水神社があり、六甲山中腹の奥池《オクイケ》に向かう道路の脇に鎮座する弁天岩にかつて祀られていた神が祀られています。ご挨拶をさせていただきました。

ホツマには人格神と共に自然神も登場します。セオリツヒメ様は、神上がられる前は人格神としてご活躍され、神上がられて後は、さらにご神徳を広げられ、祓戸神以外としましては、特に水の神、瀧の神、川の神、川裾の神として、水のご神徳をお持ちになる神として祀られていることが多いように思います。

ご出身のカキタノ宮も、「富士山百年水」として、名水の誉れ高いところですし、六甲の水も神戸ウオーターとして、赤道を越えても水質が変わらない、と船乗りが絶賛する世界に名をはせる名水です。「六甲のおいしい水」は「日本国内での家庭用ミネラルウォーターのさきがけ的存在」と言われています。伊勢神宮御用達の白鷹などの、醸造酒に用いられる宮水も六甲夙川《しゆくがわ》の伏流水です。

自然神であるミズハノメノカミ、そして、ミズハノメノカミとセオリツヒメ様との御関係についてお伝えいただけますでしょうか。

瀬織津姫　タナキネ様もご自分を理解してくださるお方に来ていただいて、お慶びでありましたでしょう。お心は通じたようですよ。

私が神上がりいたします時に「清き水を守りましょう」などと誓ったわけではございません。我が生家が山住であります故、皆が「この水源をお守りください」と、私に願いを掛けますので、この風習は津々浦々まで広がり、私が守ることになったのが真相です。元が私故そのように考えられてもよろしいのでしょう。

［2015年1月9日］

＊1　芦屋神社　明治の神社合祀の前はタナキネ＝天穂日命一神のみを祀る神社。六甲山頂にある天穂日命の磐座は、ここより夏至の日の入り方向で、磐座側からは、冬至の日の出方向に、芦屋神社が位置する。境内には円墳があるが、現在はそこに弁天岩（芦屋市奥池に向かう途中の巨大な磐座）に祀られていた水の神を遷座して祀っている。

水の神との御関係

Q また、セオリツヒメ様のことがタカオカミ・クラオカミ[*1]としても祀られている、と一般的には認識されておりますが、それでよろしいでしょうか。

瀬織津姫 清き水を分けることはできません。総じて水に関する願い事や問題は、高天原では（我らの居ります世界では）私の所に上がってきます。神様になると大変なのですが、まだまだこの国だけのことです。

この国は水と緑の国であり、たいへんありがたい国であります。水が豊富に湧き出す国などこの地だま（地球）の上にもそうあるわけではありません。この水があって初めて稲穂が出来るのです。植物が育つのです。母なる水ではございませんか。

また水は、天から降ってまいります、集まって山の水となり、滝川の水となり、この国の美しい景色となります。これら全てを、トヨケ様は私に託されたのでございます。

［2015年1月9日］

＊1　タカオカミ・クラオカミ　オカミは龍の古語とされ、タカは高い山、クラは谷間を指すとされる。龍神が水を司るとされる。

水無月の大祓・茅の輪くぐり

Q　若いころ、京都の賀茂御祖《かもみおや》神社の近くに住み、糺《ただす》の杜《もり》、瀬見《せみ》の小川の畔《ほとり》を散策したこともあります。

コモリ[＊1]様が、「セミの小川に　禊《みそぎ》して　茅の輪に立たす　六月《みなつき》や　民長らふる　祓《はらい》なりけり」（ホツマ10紋）と、今に伝わる、水無月の大祓《おおはらえ》の行事である、茅の輪くぐりの起源となることをなされています。この茅の輪の行事の意味についてお教えください。

瀬織津姫　この地上には形ばかりでなく、人間の役に立つ植物や鉱物が豊富にあります。

それを捜し、役に立てる知恵者であるのがコモリ様でございました。禊はご存じのとおり、身を清める祓いの方法です。

人間は、体からオエやクマ*2の元を出す、いわば病の塊《かたまり》でもあります。自然界にこれをお返しすることで、この地球で清めていただかなくてはなりません。

植物の茅は、この人間の出す汚いものを吸い取ってくれ、浄化してくれる水辺の植物です。故に、この茅をお守りとして持ち歩きました。また、疫病が流行る雨季の時期にはこぞってこの茅を求めたものでございます。

茅の輪くぐりとは、面白いことを考えたものですね。我らの時代にはありませんでした。我らの時代は、茅を編み上げたもの（短い縄）を腰に付けたり、頭の髪の毛に絡ませたりいたしました。また小さな茅の輪を作り、竹の先につるしてその下で禊などもいたしました。こうお話しいたしますと、茅で守ったと言ってもおかしくありませんね。

［2015年2月19日］

＊1　コモリ　クシヒコと美保津姫の御子。3代目大物主。ニニキネ・ホホデミ・ウガヤフキ

アワセズの右大臣を務める。18人の息子と18の娘を産み育て、天照大神より子守り神の名を賜わる。父のクシヒコの医学・薬学を継承し、瀬織津姫からも薬学や出産法について学んだ。

＊2　オエやクマ　汚穢《おえ》、穢れのこと。

后の象徴＝兎

Q　月を象徴する動物は兎ですが、因幡[＊1]（鳥取県東部）の郷土史研究家、新　誠《あたらしまこと》さんによれば、中国では「薬草をつく兎」、日本ではそれがいつのころからか「餅をつく兎」になってしまったそうです。どちらにしても薬効のあるものを作るウサギは、オオン神、スベラギ（天皇）に、薬効成分を有する食物を絶やさずご提供される皇后を象徴する動物、と考えてよいのでしょうか。

瀬織津姫　はい、さようです。トヨケ様はそのように申されました。皇后の立場はオオン神の身の周りのお世話です。他の后達の動向にも気を配らねばなりません。決してオオン神を恨んだり、ねたんだりする者が現れないように気をつけるのがお勤めです。死してもなお心配り申し上げております。

千代見草の成分効用は長年続くものです。幼い時より調合したものを食しますと、この効果は大きいのです。

月の中の兎の話ですが、オオン神が太陽ならば、皇后は月である、ということからもきております。また、イザナミ様も月よりいらした方、イザナミ様の象徴が兎ゆえ、皇后の象徴もまた兎となりました。

［2015年1月6日］

＊1　因幡　瀬織津姫の名で祀る神社が最も多く残る地域。同時に、兎を祀る神社も全国最多。社寺には兎の彫刻が数多く残っており、これも、全国最多と推定される。

遺し文

Q　アマテル様の遺し文（ホツマ28紋）には、

「時にイサワの天つ神　ソフ（十二）の后も　神となる　セオリツヒメとヲヲンカミ　ミヤ遷さんと　ミモ川に　アノボルチエテ　サゴクシロ　ウヂノミヤヰニ　フヨ（二万）ホ経て　時にいそすず（五十鈴）」

とあり、そのあとに、セオリツヒメ様へのご遺言として、

「マタキサキ　ヒロタニユキテ　ワカヒメト　トモニヰゴコロ　マモルベシ」　とあります。

この遺し文とは、普通に考えれば、現世に残っている方々へのお言葉ではなかったのでしょうか。アマテル様は確か、ウガヤフキアワセズ様のころまでご存命されたと思っております。

瀬織津姫　遺し文は遺言ではありません。我、亡き後どのようにしてほしい、というものです。この遺し文があります故、皆それに従います。

オオン神なる悲しさは、こう在るものですよ、という御教えは説かれましても、「如何《いか》

にしよう」「こうしたいのだが」という御言葉は公式文章には残せません。公式文章の中に、ミコトノリという形で残さない文章としてはこういう形もありましょう。オオン神の時代は大変な時代でございました。また宮内は鬼が住む場所、と言われ、権勢が渦巻いております。オオン神の真のお言葉を頂けるのは、ありがたいことに私だけです。私はいつもオオン神とともにありました。

［2015年1月16日］

ムカツ姫の祠・磐座

Q　セオリツヒメ様は調べていくと兎とご縁が深いようです。セオリツヒメ様が祀られる神社に、兎神が祀られている場合や、兎の彫刻や絵画が見受けられ、埼玉県浦和市の調神《つき》社（現在祭神名は秘されているものの瀬織津姫を祀ることが古記録に記されている）ではコマ犬ならぬコマ兎が鎮座しています。ムカツヒメ様の祠は、ウサギをイメージされたのでしょうか。それとも猫でしょうか。またはほかの何か、なのでしょうか。

瀬織津姫　今はその姿も崩れておりますが、兎でした。貴方が写真というものに撮られましたように、訪れる方が居りますと、フワッと出てまいります。気がつかれる方はまず居りません。

ここは神社と同じでございます。私はオオン神とともにおりますが、この六甲山を守るお役目もございます。抑えの山、伏せの山。守りの山なのです。この山が動く時、大いなるものが動き出すとされております。

［2015年1月7日］

転生

Q　セオリツヒメ様は、転生なされたことはございますか。もちろん秘密のことでしたら、お答えくださらなくても結構です。

瀬織津姫　転生は仏教用語での捉え方で、われわれが使いました「よみがえり」とは違うものです。私は自分の人生を生き切り、神上がりして後は（神として祀られた霊）人の中には入らず、神としての仕事を全うしております。

［2015年2月11日］

トの神の系統

Q 東京のホツマ研究家で、ホツマを世に広めようと活躍されている、いときょう（一糸《いと》恭良《やすよし》）様は、オオヤマズミの御一族の御出自はトの神ではないか、と推定されています。オモタル・カシコネ様にお世継ぎがなかったために、その後、ヒタカミのタの神の御一族が政務を司られました。トノヲシテもタの御一族に引き継がれました。

ところで、セオリツヒメ様の御生誕日が3月3日であることをお聞きしましたが、トの神の系統であるウヒチニ様・スヒチニ様のモモの雛祭《ひなまつ》りと非常に関連していることや、カキタノ宮のある富士山麓がトシタ国であったこと、トヨクンヌ様を祀る比々多《ひびた》神社*2が伊勢原市にあることなどを考え合わせますと、オオヤマズミの御一族が、トの神の系統に当たるのではないかと私も思えてきましたが、いかがでしょうか。

瀬織津姫　父からの話ではトの神の系統のようです。ただ、トの一族に与えられた証拠の品を持っていなかった為、そうであることを言うのは控えたのです。豊受様の尊き御配慮に依りまして、全てがつつがなく進行しました。

［2015年3月17日］

＊1　トの神　国常立命には8人の御子神がいて、ト・ホ・カ・ミ・ヱ・ヒ・タ・メと呼ばれる。それぞれが一族を形成し、全国各地へ分散して、中には、海外へ拠点を持つ一族もあった。その中で、カの一族は中国に渡り、夏《カ》の国を建国した模様。ホツマ国＝日本の統治は、当初はトの神が担っていたが、オモタル、カシコネの治世に世は乱れ、世継ぎ御子が誕生しなかったことから、タの一族である、ヒタカミのタカミムスビの豊受大神がトの一族に代わって日本を統治することとなった。

＊2　比々多神社　神奈川県伊勢原市三ノ宮。近くには祭祀遺跡のメンヒル（立石）がある。祭神　豊斟渟尊《とよくむぬのみこと》、ワカヒルメ、大山祇命、木花咲耶姫。大山《おおやま》を神体山とする。

常世国と浦島伝承

Q　ムカツヒメ様の祠の真北にあたる丹後に龍宮、常世《とこよ》の国へ出かけた浦嶋子《うらのしまこ》所縁《ゆかり》の宇良《う ら》神社[*1]があり、そこには祓戸神《はらえどのかみ》としてセオリツヒメ様も祀られています（龍宮伝説は、六甲山の布引の瀧にもあるようです）。常世といえば、クニトコタチ様からオモタル様・カシコネ様のトのご一族が統治されたトノヲシテが貫かれた理想の国であったとされます。

かつてカキタノ宮であった、現在の三島大社境内神社のセオリツヒメ様の祀られる祓所《はらいど》神社は、通称「浦島さん」と呼ばれているそうです。浦島伝承は、中国の神仙思想に基づく創作と思っていたのですが、もし仮に浦嶋子・龍宮とセオリツヒメ様に何らかの御関係がございましたら、お知らせください。

瀬織津姫　私の生きた時代から下った後、水に関する限りのことは、私の所に全ての陳情が集まります。その後、天つ神と国つ神という分け方をされ、オオヤマツミ様以降は国つ神になりました。アマノコトネのことは、コノハナサクヤ姫とオオヤマツミからの報告により知りました。また、水そのものからも水の言葉がわかる人間としてアマノコトネのことは知っております。このように私の所に上ってくる情報、特に水に関することは全て把握しております。

浦島の話は物語として書き物に残されたというより、口伝として庶民に伝えられたものが幾つも交じり合った、と推察されます。

常世の国のことは我らの一つ前の時代のことです。我らもトヨウケ様からうかがい知ることで「トノヲシテ」が行き届いた国づくりをめざしました。

浦嶋子・龍宮の話は山幸、海幸の話が元の話でしょう。その中で、潮満つ玉、潮干たる玉という宝物が出てきます。これはクニトコタチ様が、八皇子《やみこ》の御一人にお与えになったものです。これが我が一族（トの一族）に与えられたものらしいのですが、父の代にはございませんでした。多分、そのような話も伝承されましたのでしょう。物語となり残っているということは、後の世に教訓として、また歴史の隠れた部分として残されているとお考えください。

海に近い所での龍宮伝説は海に出て帰ってこない息子を思う母の願いがそのまま残り、

海の中の国という想定も成り立ち、そこから時間を経て息子は帰ってくる、となったのです。他国に行った人に、どんなに素晴らしい国が海の向こうにあるのかと聞くことにより、龍宮という所の想定が出来たのではないでしょうか。

我らの役目は、神社に祀られればそのお役目は果たしましょう、という高天原のお約束があり、それが、日本の神として大切にされていることのお返しであります。また、今の世の情報源でもあります。私の所には、天照神のつなぎ役としての情報も上がってまいりますので、今の世をかなり把握できていると思いますが、そうでない方も多く居られますので、高天原で大論争が巻き起こることもございます。神として祀られていても、自分たちの思いが届かないこの世となりました。その能力を持たれている方も、自らが蓋をしてしまっている人、何故だか恐ろしいことと立ち向かわなければならないと思っている人、昔のように特殊教育を受けていない人、心を開いていない人、何故に人として生きているのか、の教育がなされておらず、ただただ快楽のみを求め、こころが貧しい人が増えたと思います。全てを根底から学び、考えてこそ、生きているのだと思われませんか？　創意工夫のできる日本人をしっかり教育せねばならないのです。また、男道《おみち》と女道《めみち》をわかるように説くことも是非お勧めください。

［2015年3月27日］

＊1　宇良神社　浦嶋神社。京都府与謝郡伊根町本庄浜。丹後の比沼麻奈為《ひぬまない》神社から伊勢山田原へ外宮祭神が遷座したのと同年同月の、雄略22年（西暦478年）7月、浦嶋子が常世の国（蓬萊山《ほうらいさん》）へ出かけたと『日本書紀』にあり、『丹後国風土記』にも同様の話が載る。その後、300年以上経過した淳和天王の御代に浦嶋子が帰還したことを吉兆として創建された神社。六甲のセオリツヒメ様の磐座の真北に位置する。

トの一族の証＝満干《みちひ》の珠

Q　トの御一族の象徴である満干の珠をお持ちであったシホツチ様は、カナサキ様と同じくシマツヒコ様[＊1]の御系統の方、と思われます。オモタル様がお持ちであったと思われるトの御一族の満干の珠をシマツヒコ様、またはその御系統の子孫の方が大切にお守りになっていた、と、とらえてよいのでしょうか。

瀬織津姫　はい、そのように思います。またそれぞれの王子の御系統の方は、頂いた宝物の効力を知り尽くしていたと心得ます。

珠は一見、物という扱いを受けやすいものですが、この宝の持つ霊力のことは、友として相棒として長年クリスタルのことを研究しているアマノコトネならわかるはずです。美しい、貴重であるというようなことでは、かたづけられません。珠もこれを使う人如何《いかん》のものです。

［2015年3月29日］

＊1　シマツヒコ　カナサキ・ムナカタ・アツミの祖。オキツヒコの父。カナサキはシマツヒコの7代目の孫に当たる。シマツヒコはアワ国の安曇川で、朽木《くちき》に乗る鵜《う》の鳥を見て筏《いかだ》を造り、棹《さお》を刺すことを覚え、これが船の元となる。「島つ鳥」は鵜にかかる謂《いわ》れ。六船霊の第一。（駒形一登氏「ほつまつたゑ　解読ガイド」より）

第3章　宮中での不穏な動き

宮中でのお心配り

Q　アマテル様と最初にいらっしゃった都は、富士山麓の安国の宮、と、ホツマに記してありますが、ここでセオリツヒメ様が、たいへん危険な状況でいらっしゃった、お食事のお毒見の方を付き人として置かれていた、ということを、アマノコトネ様を通じてワカ姫様よりお聞きしております。セオリツヒメ様の先のお答えで初めて知りました、当時の富士山の爆発は、何か宮中での不穏な動きがあったことと関係しているように思います。ご事情をお教えください。

瀬織津姫　念には念を入れる我が父サクラウチの考えにより、最初から私と妹ハナコには、警護の者と身の回りの世話をする者が付けられました。私の皇后としてのお役目に、焼きもちを焼く者も大勢居りました。何故私の言うことを聞かねばならないのか、と疑問をぶつける者も多い宮の中でした。確かに、オオン神のおいでは私の所が多いのですが、日々の打ち合わせの多いのも事実です。他人から羨ましがられるには割の合わない地位だと思いました。しかし、他の誰にもわからない、理解のできない分野のことも任されたのです。后たちの身の回りの世話（特に月のものの管理）、宮中の人の出入りの管理です。死産もありました。そのような時疑われ、酷い目にあうこともありますが、そのような大事がないように気を配ることももちろんです。

各姫たちはオオンカミの大切な臣の娘ですので、待遇も一律にせねばなりません。その一律がむつかしく感じられました。モチコ・ハヤコ様におかれましては、私よりも早く皇子にめぐまれ、年も私より上と聞いております。トヨケ様とのお約束で、イザナギ様とも御親戚のお方ですのでご自分たちが、宮内を我がものにできるという御考えもおありになったのではないでしょうか？　御振る舞いもそのようにしておいででした。またご実家も御派手でした。私のことは、田舎者呼ばわりなさいました。しかし、イザナミ様がこの態度をきらわれ、私を大そうかわいがってくださいました。

下照姫様は、オオン神にしても私にしてもおそろしいお方でございます。何もお話し申しませんでも、宮内のことは知り尽くされ、我が部屋に御出での時は、常に私の困り果てた時でした。「フトマニで見ましたところ」が口癖でしたが、イザナミ様の御命令もあってのことであろうと思います。細かいところまで全てご存じでした。モチコ・ハヤコ様の所はいつも火種の元でした。それも我が子を思う母心と思い、女道《めみち》でもトの教えを心して実践いたしました。

［2014年12月22日］

さまざまな天災

Q　本日3月11日は東日本大震災から4年の日です。

富士山の噴火が原因で、富士山麓の安国宮から、伊勢のイサワ（伊雑）宮に御遷りになられたことを、以前お聞きしておりますが、そのほかに、このような甚大な自然災害はございましたでしょうか。

瀬織津姫　我が国は火山大国である故に、一度山が火を噴くと大きな被害が出るのは周知のことです。イサワに移りました時は、オオン神のお子様方も小さく、身の安全こそが第一でした。この惨事に乗じてハタレの事件も起きました。知力を尽くし戦いましたが、イサワに新しい宮を、先見の明があって移して正解だったと思います。この他に山津波、地盤の著しい変化、気候の乱れ、害虫、病気の蔓延などそこまで挙げればきりがありません。自然災害でいえば、富士の噴火に伴い富士に連なる山の噴火は続きました。火事が起これば土地が肥えることも知られていますが、火山流などの大きな被害が出ました。

［2015年3月12日］

モチコ・ハヤコ

Q　モチコ様・ハヤコ様は、イザナギ様の親族のご出身として、ご自身が日嗣皇子を産み、育てなくては、というご実家からの圧力もあったものと思われます。特にモチコ様は、ご実家からの強い要望に応えなくてはならないという立場からのお気持ちが強かったのでしょうか。

瀬織津姫　それは私の考えの至らないところでございます。イザナミ様に対する御無礼や、宮中のしきたりを守らぬ御振る舞いは、目に余るものでございました。注目が集まっていたこともございましょうが、悪い噂話は耳にいたすのも嫌になるほどでした。お会いし、お話しいたしますと、お二人とも仲のよろしい御姉妹でございました。ただ、御実家を鼻にかける所は在りました。トヨケ様との約束事があると、よく言っておいででしたが、あくまでもオオン神もご存じないことですので、お取り上げにもなりませんでした。

［2014年12月23日］

蟄居《ちっきょ》命令の真相

Q　モチコ様とハヤコ様のソサノオ様との謀議をハナコ様がお聞きになって、セオリツヒメ様へそのことをお知らせになり、セオリツヒメ様は、モチコ・ハヤコ様お二人を呼び出して、直々に宇佐[*1]への謹慎蟄居《きんしんちっきょ》を御命じになった、とホツマには記されています。けれどもこのような、明らかに怨まれるとわかっているお役を、どうしてセオリツヒメ様がなさったのかが、私にはよくわからないのです。宇佐への謹慎処分に関しては、アマテル様とは事前にご相談なさっていたと思うのです。アマテル様がご処分を下されず、なぜセオリツヒメ様が？　と思ってしまうのです。このあたりのご事情についてお知らせください。

瀬織津姫　宮内《みやうち》のことは皇后の権限とされておりました。いみじくも私たち后はトヨケ様から選ばれました特別の姫たちでございます。ましてやモチコ様は、オオン神にとって最初の皇子をお産みになったお方です。皇后の選択はオオン神がなさったのです。皇后になれると思っておりましたモチコ様です。まさかのことに私を選ばれ、さぞ悔しい思いをなさったでしょう。その遺恨返しが、親戚ということで宮中におられたソサノヲ様を巻き込んだ暴挙という形になったのです。

ソサノヲ様の風体からして、とてもオオン神やツキヨミ様のように、メ（女）から恋われ慕われる方ではありませんでした。それぞれの胸の中には、いろいろな思いがおありになりましたでしょう。ソサノヲ様の御詮議はかなり厳しく、オオン神自らが行われました。そのこともあり、オオン神自ら岩戸に籠られてしまったこともございます。

ご心労のオオン神様に、全てをお託しすることも叶いません。急を要しました為、タナキネ様の御養育を私が責任を持ってさせていただくという交換条件のもと、ご承諾いただきました。モチコ・ハヤコ様のお里にもいろいろ難儀なことが起こり、お二人をこのまま宮中にお残しすると、益々宮中にまで火の粉が飛んでくる懸念がありました。

お二人には、我が妹ハナコの死に対しての悔やみと反省がおありになりました。自分たちも宮中を離れ、庇護を受けたほうが得策と考えられたのではないでしょうか？

［2014年12月24日］

＊1　宇佐　大分県宇佐神宮のある場所。ここに、モチコ・ハヤコは娘の3姉妹とともに蟄居を命ぜられる。

天穂日命＝タナキネ

Q　渦中にある、モチコ様とアマテル様の御子神であるタナキネ様＝アメノホヒノミコト[＊1]様ご自身は、9代目の日嗣皇子になれなかったことを、それほど残念には思っていらっしゃらなかったと、私は感じております。モチコ様・ハヤコ様の騒動の後、タナキネ様をセオリツヒメ様が御養育されるということは、たいへん神経をすり減らすことだったと思います。普通の感覚の持ち主では、到底できないことです。実の母であるモチコ様のことも知っておられながらもタナキネ様は、その後、まっすぐにお育ちになったと思います。ひとえにセオリツヒメ様のご尽力、御愛情によるものと思います。

　そしてタナキネ様は、育ての御親であるセオリツヒメ様への信頼が強かったので、その

六甲山　天穂日命の磐座

ご意志を体現するために六甲のムカツ姫様の祠（六甲比命神社）のすぐ近くに、ホヒノミコト様ご自身の御陵と思われる磐座を御定めになった、と推測しております。どのようなお気持ちでタナキネ様をお育てになられたのでしょうか。

瀬織津姫　タナキネ様はイザナギ様にお預けいたしました。これは父なるオオン神のたっての望みでした。タナキネ様の御出発を、モチコ様は見送られてから、宇佐に旅立たれました。

タナキネ様は性格もよろしく、おつむ[*2]も良い方でした。諸事の事情をよく心得られ、オオン神を補佐する役目に身を置くことに喜びを見出されたようです。オオン神にとって、タナキネ様はご自分の傍で見ていたい哀れな子ではなく、しっかりした人にお育てしたかったのです。母に罪ある者には、跡取りとしての資格はありません。それはモチコ様もご存じのことです。国を揺さぶる大きな渦に翻弄された母子でございます。私もできる限りの補佐をいたしました。

いろいろの結果が私のところにも報告されますが、全て結果でございます故、どうにも手の出せない歯がゆいものがございました。タナキネ様は、何度も私をたずねてくださり、その度に真の親子のように語らい、添い寝をいたしました。日嗣の皇子ではないぶん、気軽に私に懐きました。私は不憫でした。

［2014年12月24日］

＊1　アメノホヒノミコト　天穂日命。天照大神と北の局モチコの御子神で、天照大神の長男。古事記では天忍穂耳命が長男で天穂日命が次男と記される。

＊2　おつむ　おつむりの略。宮中の女官が用いた女房詞であった。「お」は接頭語。「つむり」は頭のこと。「り」が省略されて「おつむ」となる。（語源由来辞典より）

ワカ姫ハナコの御不幸

Q　ホツマでは、ソサノヲ様が、ワカ姫ハナコ様がいらっしゃるゐんはとの（斎衣殿）[＊1]へぶちこま（斑駒）[＊2]を投げ入れて、「ヒに破れ、神去りますお」とあります。その後、セオリツヒメ様がソサノヲ様を減刑するために、「サヲシカ[3]にウケモノイノリ[4]、ヨミガエス、ハナコのヨモサ（四百祥[5]）償えば…」とあります。このことは、セオリツヒメ様が、ハナコ様を蘇らせた、というふうに解釈できます。その一方、ハナコ様がそれ以降、ホツマに登場しないので、御命を落とされ、セオリツヒメ様がハナコ様のご神霊を、無事にアモトへお戻しになったことが「ヨミガエス」の意味、つまり黄泉の国へお送りされた、と解釈できます。以前のお答えによりますと、やはりこのソサノヲ様の事件で、残念なことにハナコ様は亡くなられたのですね。ハナコ様の御陵はイサワ宮からほど近いところにあるのでしょうか。現在、そこは、（ほかの多くの神々と同様に）忘れ去られた場所になっているのでしょうか。また、セオリツヒメ様もつい最近までそうでしたが、はたして神々の多くの磐座・御陵が忘れ去られてしまっている状況は、確かにそのほうが守られる、ということもあるのでしょうが、このままでよいのでしょうか。

瀬織津姫　ハナコの死は、私にとっては辛いものでした。しかし、ソサノヲ様のお怒りもわかります。ある意味からすれば、濡れ衣に近いものがあったからです。そのころ宮中では、あらぬ噂があちこちに立っていました。下手をすれば、オオン神の政権すら危うい状況でもありました。ソサノヲ様を除籍させようという動きもあったのです。これはトヨケ様のお考えとは違うものでした。母亡き後、シモテルヒメ様に擁護され、育てられたソサノヲ様ですが、メ（女）には母を見出されるのでしょうか、モチコ・ハヤコ様方にお声を掛けられ、しばし御通いになられましたことはございました。私もそれは耳にしております。ただ、オオン神にとって代わるようなお心の方で、和歌を詠むこと等できる方が、悪い方であるわけがございません。何らかの陰謀に巻き込まれた腹いせで、乱暴な御振る舞いに出たのであろうと思います。

私の妹の名誉のために申しますが、彼女の一言が陰謀を暴くことになったように言われておりますが、死人に口なし、真相のほどはわかりません。その後の大きな引き金になっていくこの事件。冷静に判断せねばいけないのです。妹の魂は、私の見守りでしっかり黄泉の国に送りました。

このことで、「死してなおこの国を守るには」、ということをオオン神は深くお考えになりました。また、女を甘く見てはいけない、という教訓をしっかり頭に刻まれたのであろうと思われます。男にとって、国家にとって、女の存在がこれほど、良きにつけ悪しきにつけ、現れましたことは、私とて、のほほんとしている時期ではなくなりました。

イザナミ様よりの「ムロアバクニアラズ」という御教えどおりに、我々は考えております。時が経って世が変わりますれば、我らの守りも必要がなくなりましょう、山に帰ればそこには我々が守り、いつくしむこの国が存在しているものだと信じております。

求める人さえおりますれば、お力は皆様（神と言われた人々）お貸し致しますでしょう。形あるものは、いずれは消滅いたします。魂のみの世界にてお待ちいたしております。

［２０１４年12月25日］

＊1　斎衣殿　神に献上する衣、天皇が召される衣を織るための建物。斎服殿　イミハタドノ。神衣を織る斎み清めた機殿《はたどの》。いむはたどの。（広辞苑より）

＊2　斑駒　種々の色が混じる斑《まだら》の馬。

＊3　サヲシカ　神の使い。天皇の使い。勅使。
＊4　ウケモノ　死者を活かす精霊（駒形氏説）。倉稲神・うけみたま（高畠氏説）。
＊5　祥《さ》　善行のこと。

モチコ・ハヤコの執念

Q　オオヤマズミの家系に誕生されたイワナガヒメ様はハヤコ様の転生で、コノハナサクヤヒメ様のニニキネノミコト様との御関係に邪魔をなさったことがホツマに記されています。

先のお答えで、イワナガヒメ様を抑える必要がある、ということですが、やがて時代を経て戸隠で最期を遂げられたモチコ様とともに、ハヤコ様も本当に神上がりができるようにセオリツヒメ様はご尽力されたのでは、と推定しております。

瀬織津姫　私は立場上のお役目を果たしましたまででございます。逆恨みのことは、周りの者が大層心配いたしました。モチコ様も九つの頭の竜神になり、ハヤコ様も八つの頭の竜神になられ、無念を晴らそうとされましたが、シモテルヒメの行う強烈な御業によって、完璧な守りで私は守られたのです。フトマニの「イツル」の歌[*1]に詠まれましたように。

イノツルハ、ハヤコガヲロチ、マツラレテ、ナルイワナガモ、ミサホオチツル

この歌のとおり、わが血の中のイワナガ姫に入られ、再度のチャンスもあったものの、ニニギノミコトに断られる結果となりました。末代までこうした恨みや嫉みをなくさねばならない、という歌がイネセです。

イノネセハ、ノリニアブルル、アオメラヤ、ワカメノナタモ、エモクナスラン

女の恨みの凄さが身に染みた一句ですね。それほどにモチコ・ハヤコ様のことは、平穏だったはずの宮中にまで忍び寄ったのです。

しかし、トヨケ様のしっかりした建国の精神は守りとおされました。このことを私たちに教えてくださり、宮中をまとめてくださったのが、シラヤマヒメ様だったのです。シラヤマヒメ様にいたしますと、モチコ・ハヤコ様は大切な姪でいらっしゃいましたが、強情な気質には手を焼かれておりました。蟄居を勧められたのもシラヤマ姫様です。これ以上の恥をさらさないようにと、きつく言われました。

宇佐で静かにしておられることもなく、3人の姫を置いて出て行かれましたのは、ソサノヲ様の心変わりに対しての報復、と映りました。3人姫たちは皆、美しく立派に育たれ、それぞれに良き伴侶を持たれました。気の強さは母さま譲りと思われます。何処からか聞かれたのでしょう、私に対しての風当たりは強うございましたが、そこは、シタテル様が守ってくださいました。ハヤコのオロチは、スサノヲ様によって手打ちになりました。このころから龍神となるものは禍々しい者と思われたようです。情念の塊と捉えました。

［2014年12月28日］

＊1　フトマニの128首の和歌　天照大神が編纂された128首の和歌。これを基に占術をした。

トヨ姫のご活躍

Q　宗像三女神[＊1]のタケコ様・タキコ様・タナコ様とは、御幼少の時にお会いされていると思いますが、モチコ様・ハヤコ様とともに宇佐へ御移りになり、モチコ様・ハヤコ様が宇佐から他へ移動され、代わりの乳母として、セオリツヒメ様はトヨ姫様を派遣されました。トヨ姫様をお選びになった理由をお伝えください。

瀬織津姫　トヨ姫様はウサの出身です。御里帰りもなさりたいと、自ら名乗られました。トヨ姫様は皇子[＊2]を産み、この子の教育もみごとである、と宮内で評判の知恵者でございます。巫女としても素晴らしい、とシモテル様もお褒めの后です。この人なら私も信頼がおけますので、お任せいたしました。残された皇子の御教育はお誓いいたしました。

［2015年12月29日］

＊1　宗像三女神　たごり（田心）姫、たぎつ（湍津）姫、いちきしま（市杵島）姫。ホツマでは、ハヤコ姫の御子神でタケコ・タキコ・タナコの名で登場し、それぞれ、竹生島、江の島、厳島で祀られる。タケコの御子が天照大神に絶賛される活躍をしたクシヒコである。

＊2　トヨ姫の皇子＝クマノクスヒノカミ。

宗像三女神

Q　トヨ姫様にとっても、大変なお仕事だったと思われますが、その直後、3姉妹はさすらいの旅にお出かけになりました。タナキネ様と同じお立場で、心の傷をその過程で癒されました。無事にご成長されて、それぞれ良いお后となられたのですね。本当に素晴らしいことと思います。お后になられてからの三女神の方々とは、瀬織津姫様はお会いされる機会がございましたでしょうか。

瀬織津姫　この子らを、人より恥じる人にしては私の立場がございません、宮内を仕切ることこそ私のお役目でございます。3人のヒメの成長がモチコ・ハヤコ様にとって心の支えになってくれれば、と考え同行させませしたが、まさか幼い子供らを残して行かれるとは思いもよらず、トヨ姫から連絡を受けましたのも過ぎてしまったことですので、シラヤマ様にご相談いたしました。モチコ・ハヤコ様としますれば、一戦を覚悟の出奔でしょうから、3人の姫を置いて出てもわかる気がいたします。娘たちは母恋しい盛りです、可哀想なことをいたしました。

私の仕事は宮中を守りますこと。だんだんに、人から恨まれ疎《うと》まれるのがオオン神でさえなければ良し、といたしましょう、と開き直る心を持つようになりました。3人の娘をしっかりした方の元に嫁がせるのも[*1]私の仕事と心得、陰ながら手を回し、皆様の御助力も得て、モチコ・ハヤコ様のお子様方の守りは約束どおりいたしました。最初は誤解もありましたが、立場が変わればわかってくれる賢い娘たちでございました。

［2014年12月29日］

＊1　タケコはオオナムチの妻、タキコは大山祇一族のカグヤマツミの妻、タナコはイブキドヌシの妻になった。セオリツヒメ様のご尽力で3姫とも名家に嫁いだということである。

九頭竜・八岐大蛇

Q　モチコ様が九頭竜[*1]になってしまいました。その九という数字は、実の子であるタナキネ様に9代目天神になっていただきたい、という意味を込めているのではないかと思っております。そしてその実現のために、オシヒト様の御命が狙われたのではないでしょうか。実際、オシヒト様と関連する場所である箱根[*2]・戸隠に九頭竜が出現しています。また一方、ハヤコ様の八岐大蛇の八という数字は、8代目の天神＝アマテル様とムカツ姫様に成り替わろうという意味があるのではないか、と思っております。

モチコ様は北海道のシラタツ岳（赤岩山）にずっと潜んで、報復の機会を待たれていた、とホツマにあります。これは見当違いのお尋ねかもしれません。ワカヒメ様がご存命中は、セオリツヒメ様をその超人的なお力でお守りされたことを伺いました。ワカヒメ様がお隠れになった後は、セオリツヒメ様はどのようにお守りがなされていたのでしょうか。ご神霊となられたワカヒメ様に引き続き、お守りされたのでしょうか。

瀬織津姫　たくさんの疑問が一気に迫ってきましたね。一つ一つ参りましょう。

頭の数の多い蛇神、龍神はより強さや、多面性を意味しております。偶数より奇数のほうが強いのはご存じですね。モチコ・ハヤコ様にしても、怒った時の形相や、怒りの毒の吐き方から、龍や蛇にたとえられたのです。確かに何処かで根性がひん曲がってしまわれた。それを良し、とされ、旗頭にさせられた。お気の毒なことです。きっとお二人の周りでは、彼女たちに都合の良いことしか言われていなかったと思います。しかし人間とは恐ろしいもので、特に女は自分がやったことは全て正しくなってしまう、というサガをしょっております。もっとこじれないうちに如何《どう》にかできなかったのかと考えますが、悪い方へ悪い方へと導かれてしまわれた方を御救いする手立てはございませんでした。

モチコ・ハヤコ様の念の強さは宮中でも有名でした、后の中でも、強い念で子供を授からなかった方もいると囁かれたりしました。私もオシホミミの時は十二分に注意したのです。あまりにも神経質になりましたので、身体の弱い子供になったことも事実です。

シラタツの峰に籠られたと書かれてもさもありなん、と思います。シモテルヒメ様がモチコ・ハヤコ様に関してはソサノヲ様のこともあり、大きなお力で戦ってくださいました。シモテルヒメ様がタナキネ様に遺言なさり、シモテル様亡き後、タナキネ様が私を、真心をもって守ってくださいました。モチコ様も、タナキネ様には手が出せませんでした。

ハタレの乱の時、オシホミミまでけがをするような危ない局面は誰も想定できませんでしたが、モチコ様が動いた、と言われました。タナキネ様は、母親がモチコ様でさえなければ……。お人柄は、イザナギ様のような方であると申し置きましょう。

［2014年12月31日］

＊1　九頭龍・八岐大蛇　モチコ・ハヤコが自分たちの処遇に不満を持ち続け、とうとう恨

み・つらみの怨念の塊となって、龍に変化《へんげ》してしまった。モチコは、その後、青森善知鳥《うとう》神社に出現するも、オオナムチの御子である島津彦に追われて逃げる。その後、北海道小樽の白竜岳（現在の赤岩山）に潜み、瀬織津姫への恨みを抱きながら隠棲する。後に、長野県戸隠に現れ、戸隠命に諭されて、霊絶《たまだ》ちによって妬み恨みの根を切り落とされたモチコの霊はそこで救われたのではないかと思われる。戸隠奥社の九頭竜神社はモチコ姫の最期の地に建てられた神社。モチコの霊は、その後、謡曲「紅葉狩り」で有名となった紅葉《もみじ》*1に転生したのではないかと思われる。源経基《みなもとのつねもと》の寵愛を受けた紅葉は、正妻へ妖術を使って病気にしたことが発覚し、都落ちした先の戸隠で賊を形成し、略奪を繰り返すようになるが、その噂が都に聞こえ、やがて平維茂《たいらのこれもち》に討伐される。1959年京都八瀬に九頭竜大社が創建されたが、これは改心したモチコの霊の働きによるものと思われる。ハヤコ姫は、八岐大蛇となって、不倫相手であったソサノヲに切り殺される。けれども後に、大山祇の一族のもとへ転生し、イワナガヒメとして、木花咲耶姫を無実の罪へ陥れる。

＊2　箱根　天忍穂耳命の御陵がある。箱根神社の祭神の箱根神とは天忍穂耳命のことであることが、ホツマによって推定できる。

心経岩のイワナガ姫

Q 関西ホツマの集い（平成13年、廣田神社参集殿をお借りして清藤直樹代表によって結成されたホツマ研究の会）に切東《きりひがし》さんという女性がいます。その方は阪神・淡路大震災の直後、神様に呼ばれて、六甲山吉祥院多聞寺奥の院の心経岩へ、震災で亡くなった方々の鎮魂・慰霊のために、何度もいらっしゃっていたそうです。
先日、アマノコトネ様を初めてムカツヒメ様の祠にご案内した時、コトネ様は、その手前の心経岩でイワナガヒメ（磐長姫）のご神霊を感じられたそうです。もとはインドから渡来したと言われる法道仙人が般若心経を刻んだ心経岩は、あらゆる存在へのご供養の場、と考えてよろしいのでしょうか。

瀬織津姫 イワナガ姫の凛とした気に、皆が一喜一憂いたしました。イワナガ姫も同じ我が家系の、しっかりした娘でございました。ただ、あの子の思いが強すぎたのです。それは母親の欲から生まれたことなのです。ミヤビを持ちますコノハナサクヤ姫が選ばれましたのは、当然のことなのです。私は、モチコ・ハヤコ様の二の舞を演じさせたくございませんでした。皇后である私の言うことを聞くのも、時というものがあり、私が、大事になる前に抑えました。宮内では、大きな災いのタネを我が一族から出すわけにはまいりません。一族全てに関わってくるのでございます。姉妹での入内は、当時は当たり前のことでしたから、イワナガ姫の入内を断ったということは、本人や周りへも物議をかもしました。特に母親は狂ったようになり、私の所に怒鳴り込んできたのです。しかし、私の一言で思いとどまりました。「大事な娘さんを、モチコ・ハヤコ様のようにさせたいのですか」と申しました。イワナガ姫は、確かに器量は十人並みでしたが、利発な子でしたので、大きな騒ぎにならずに済みました。口さがない者たちが、酷い噂を流しましたが、これも私が抑えました。そんなこんなもあり、イワナガ姫は今も私の元におります。宮内とは真に怖い所でございます。

般若心経を書かれました、仙人様には我らの姿が見えたのでしょう。お心を以てこの心経をお書きくだされたと聞いております。

［2015年1月19日］

＊1　多聞寺奥の院　大化改新のころ、インドから渡来した法道仙人が、ムカツヒメの祠とその周辺を多聞寺の奥の院として、お守りされる（法道仙人が、般若心経を心経岩に刻んだ。現在のものは、大正5年に刻み直したもの）。その直後、役行者《えんのぎょうじゃ》が縁者に命じて、ムカツ姫の祠のある西六甲の山＝唐櫃山《からとやま》を、多聞寺とともに守らせる。その縁者四鬼《しき》氏は役行者の子と言われるが、六甲修験の元締めとして、明治までは西六甲の入山の管理を行っていた。

天照大神　天岩戸隠れの真相

Q　ソサノヲ様の乱行で、ハナコ様がお亡くなりになられた直後に、アマテル様が岩戸隠れをなされた時のご様子をお伝えいただきたく思います。

瀬織津姫　この話はたいへん長い話になります（この話は秘中の秘であります故、心してお聞きください。オオン神にも許可を頂きました）。

オオン神の時代ともなりますと、トヨケ様の建国精神をしっかりと受け継ぎ、世も整いだした、そんな時期でございました。トヨケ様がトヨケノリ[*1]をなされた時も、オオン神は心細い思いをなさいました。こんな時こそ、皆がオオン神をお守りいたさねばならない時でございましたが、皆がトヨケ様の分までオオン神を頼り、全ての責任と責務がおのずとオオン神に寄せてまいりました。頼りになさっていた臣たちは、それぞれの土地でしっかりと民を養い、良い政治をしておりましたので、宮中や、オオン神の御そばは手薄になっていたこともあります。

その時モチコ・ハヤコ様の権勢を利用し、自らの地位を上げようと画策した者がありました。オオン神はいち早くそのことに気がつき、宮に戻られました。その時のご心労は大変なものでした。ソサノヲ様にいろいろな噂を立て、モチコ・ハヤコ様を盛り立てるように画策もされたようです。それは、モチコ様に第一皇子がお生まれになったことに大きな原因があります。酷いことに、オオン神を除きソサノヲ様を除き、タナキネ様の世にしてしまえば、自分たちの思うようにこの世が扱えると思った者が、モチコ・ハヤコ様の元にジワジワと集まり、良からぬ知恵を授ける者もありました。

トヨケ様の兄弟の鉄壁な守りはまだまだ不十分であったのです。ソサノヲ様は、ちょうど反抗期に宮内に上がり、ほとんどトヨケ様の御教えを受けておられなかったことも悔やまれます。シモテル姫様も、ソサノヲ様の教育に関しましては悔やんでおられました。人の心の中には、悪しき花は咲きやすいもの、清き花は枯れやすいものでございます。イザナギ様も大変に心を砕かれ、「タナキネのことを自分が育てよう」と言われました。宮中の悪しき雰囲気は、シモテル様には筒抜けでございました。「急ぎ宮に帰るように」という伝言や、宮移りの件も出されたようでございます。私には「后の管理をしっかりせよ」ということと、日嗣の皇子の誕生を促されました。

オオン神は、周りの者全てに注意を払われるようになり、以前の大らかさが欠けますと、それに対しましてもあれやこれやと噂が立つ、という悪循環でございます。全てを御見通しのシタテル姫様も、子育ての忙しい時期でしたのに、よくオオン神を補佐してくださいました。一番頼りとしておりますオモイガネ様を、オオン神から離そうとする噂も一挙に粉砕してくださいました。

モトアケ[*2]で見ましたところ、火種はやはりモチコ・ハヤコ様の所にうずまきます。真の臣に、この地方の状況を詳しく調べさせ、隠密裏にいろいろな情報を得ました。すると宮中にも、手先となって動いている者が居り、愕然といたしました。そんな中、ハナコがあのような事件にあい、本当に悲しいことでした。国一番の機織りの名手であったハナコの死は、宮中の機に関する人々の悲しみを誘いました。その事件を起こしたのがソサノヲ様です。私たちは、仕組まれたことだとはわかりますが、ソサノヲ様にもわかっていただかねばなりません。実はハヤコ様の3人の御子様は、ソサノヲ様の若気の過ちによるお子様だということもわかりました。酷い話です。民の手本にならねばならないお方を、正さねばならないオオン神の御心もおわかりください。

そんな時です。オオン神がお隠れになった時には、こんなに世が真っ暗になるのだということを示すことのできる現象が起こることがわかりました。この演出は、当代の知恵者がお考えになられました。磐座に鏡を用意し、戻って来た太陽に照り映え、まさにこの方が居なければ恐ろしいことになる、という演出でございます。この大きな出来事の後、一挙に事は動き出したのでございます。

［2015年1月19日］

＊1　トヨケノリ　豊受大神が、神上がりが近づいたことを悟り、マナイの山の頂付近に磐座を造営し、その洞に生きながら籠り、世の平安を祈りながら神上がりをされたことにちなんで付けられた尊き人のみが実行する神上がりの方法のこと。

＊2　モトアケ　フトマニによる判断と思われる。

天岩戸事件の現場にて

Q　オモイカネ様といえばやはり、アマテル様の岩戸隠れの時のご活躍が印象的です。セオリツヒメ様からこの時のことをお聞きしました時に、ホツマに記されている以上の、相当深刻な状況であることを知って、とても驚きました。

その時、岩戸の前で、サルタヒコ様の妻となられたウズメ様たちが踊られたり、俳優《わざおぎ》たちが、常世の踊りである「ナガサキ」を奏上されたりと、ホツマにありますが、セオリツヒメ様もご覧になられていたのでしょうか。

瀬織津姫　その場には居りました。どなたよりも一番緊張していたのは私であろうと思います。このような大芝居を打つということは知らされてはおりましたものの、その演出の派手さにビックリもし、これくらいやらないと認められない状況であるということも理解いたしました。

［2015年3月2日］

ソサノヲ減刑のご真意

Q　ホツマ7紋の記述からも、ソサノヲ様はかなり粗暴な感じを受けますが、セオリツヒメ様は、ソサノヲ様のご改心をご期待されて、寛大な減刑措置*1の実現にご尽力なさいました。ソサノヲ様のその後のご活躍からして、まさしく先見の明、と思います。

セオリツヒメ様は、ソサノヲ様の御心の中に、純粋なものを感じ取っていらっしゃったのでしょうか。

瀬織津姫　先に申し上げましたように、ここでトヨケ様のお考えになった建国構想を崩すわけにはまいりませんでした。宮中の不穏な動きを考えれば、全てに用心して掛からねばなりません。シモテルヒメ様の御心配も痛いほどわかりました。メ（女）の道の同志としての結束は、キシヰのころより固いものになっておりました。シモテルヒメ様のお立場上、表立って釈明や陳謝はできません。宮内の状況はシモテルヒメ様をも動かせぬ状況を作っていた、とご想像ください。

［２０１４年12月25日］

＊1　減刑措置　ハナコ様を死に至らしめた罪をはじめ、さまざまな罪が重なってソサノヲへの罪科が、死罪とされる三百六十座《くら》の3倍もの千座《ちくら》にも達し、髪を引き抜いて爪を剝がしてから死刑に処することが決まった時、瀬織津姫は和歌を御詠みになって、ソサノヲへの減刑の嘆願をなされたのです。

そさのをが　しわざはしむの　むしなれど　さがなくつつが　なからんやわや
ソサノヲが　仕業は血脈の　虫なれど　祥禍無く獄舎　無からんやわや

以下は今村聰夫氏『はじめてのホツマツタヱ』より。
「ソサノヲの命を奪っても、決して妹ハナコが浮かばれる訳ではありません。ソサノヲが己の行為を反省して罪の大きさを覚り、この世に生き長らえて、回生と償いの努力をすることこそがハナコの恨みを解き、安らかに天上に昇ることを可能にするのです。ソサノヲの所業は心の中に巣食った虫の仕業で一族の汚点をなしてその罪は重いのですが、前非を拭い去る道は殺す以外にはないのでしょうか。きっとあるはずです」

マフツノカガミ

Q　ハタレの乱の時にセオリツヒメ様が二見岩＝二見浦の夫婦岩におかけになった、本当の姿、人の心を写すマフツノカガミ[*1]について、お教えください。
また当時のマフツノカガミは今もどこかに大切に保管されているのでしょうか。

瀬織津姫　今の世なれば大きさも、素材も簡単に作れてしまうものかもしれませんね。湧いて出たようなハタレの人々の度肝を抜くこと、あの光に射すくめられ硬直してしまったら、さぞや己の姿の醜さをさらけ出してしまうに違いない、と感じてしまう大きな鏡でございました。更に大音声でこのことを告げる者を皆恐れました。これは今の拡声器だとお考えください。我々は多くの知恵を出し、相手に向かったのでございます。

改心をした人々がこの二見岩に来てマフツノカガミの真相を確かめぬよう、事が終わりましてから片付けました。この鏡は、いつも祈りの場所で我らを見つめておりました。また使うような世が来ないよう、大切にカシコドコロ[*2]にて置きました。世の変転のなか今は、姿はありません。その姿は鉾に変わりました。

［2014年12月30日］

＊1　マフツノカガミ

こうして六度にわたって起こったハタレ騒動はすべて鎮圧され、悪霊に取り憑かれていた総勢七マスと九千人（709000人）すべてが、最終的に人の魂を取り返すことができました。それはセオリツ姫が携えていたマフツの鏡によって、己の魂を実見することができたからなのです。

二見浦　夫婦岩

常々アマテル大御神は海辺にマフツの鏡をもってお出ましになり、海水で禊をされた後、ご自身や政事を執る臣、その他諸々を写して見られました。それにちなんでこの海岸にある岩を「ふた見の岩」と名付けられたのです。（今村聰夫氏『はじめてのホツマツタヱ』より）

京都市上京区宝鏡寺は、伊勢二見浦《ふたみがうら》で漁網にかかった両手に鏡を持つ聖観音を本尊とする。この不思議な経緯で出現し、皇族に守られた観音像はもちろん瀬織津姫の二見岩でのご活躍が背景にあるものと思われる。観音は神仏習合で、日本の女神と習合したものと思われる。聖徳太子が念持仏とし、神呪寺を創建した真名井御前が帰依した如意輪観音や吉祥天も瀬織津姫の仏教的御姿と考えられる。

＊2　カシコドコロ　賢所。宮中で天照大神を祀るところ。ご神鏡が鎮座する場所。

ハタレの乱の要因

Q　ハタレの乱[＊1]とは、6代オモダル様・カシコネ様の時の圧政、あるいは戦乱によって、無念の死を遂げた人たちの怨念が引き起こしたもの、とみてよいのでしょうか。それとも他に何かの要因があったのでしょうか。

瀬織津姫　いろいろな要素がからんでいたと思われます。

土着の怨念のようなものはありますが、統治する者と、される者の格差は当然あったと思われます。我ら高天原の人間に従った者たちの中にも不満の根があることも事実です。

蛮族のような人々はコメという安定した食べ物が欲しい為に、全てが平等に回らないことがわからず、人の物を取ったり、人に危害を加えたりすることにより、食べ物を得ることをする者が増えました。人は全て平等と言われても、野獣の様な立ち居振る舞いの者や言葉を知らない者など、野に満ちておりました。その人々を治めるといっても、全国の長たちに願っても、力で統治する者たちが後を絶たず、トの教えを御説きになるオオン神もむなしさを少なからず感じておいででした。相手は統治されない烏合《うごう》の衆であるとはいえ、数には勝てません。

戦上手も現れ、徐々にまきかえしてついには勝利を得ました。この時もアワ唄[*2]を教え、どう生きるかの講義をいたしました。初めて聞くことにオオン神のお考えに耳を傾けた者たちの中から、素晴らしい指導者も出てきたことを、オオン神から伺うたびに「災い転じて福となる」誠を教えられました。オオン神もミタカラの中に刀を入れられました。

［2014年12月30日］

＊1　ハタレの乱　ハタレは頭の回転は速いが、人々の恨みの念や妬みの念から生じたねじけた心、及びその霊によって動かされた者。天照大神の治世に、以前よりわだかまっていたハタレの6つの集団が一斉蜂起を起こすが、高天原の神々が一体となって、和す・尽くすの精神を発揮しながら、時には戦闘も交えて平定し、その後平和で安定した社会が築かれる。

＊2　アワ唄　ヲシテ48音を並べた歌。イザナギ・イザナミは言葉の乱れが世の乱れのもとであるとして、このアワ唄を全国に広めた。

アカハナマ　トロソヨヲ
イキヒニミ　テレセヱ
ウクフヌム　ツルスユン
エケヘネメ　チリシヰ

天児《あまがつ》・サツサ・ツヅ歌

Q　古事記・日本書紀では、トヨケ様・アマテル様が、常世＝良き世になるように数々の実践をされ、残されたお言葉が全て消されています。人々が、さまざまな災厄から逃れるためのさまざまな知恵もことごとく消されてしまっています。その中で、ハヤアキツヒメ様が考案された天児《あまがつ》と、アマテル様がおつくりになったサツサ・ツヅ歌についてご存じのことをお知らせください。

瀬織津姫　アマガツは、ハヤアキツ姫の母心から出来たものです。これは後の世でヒナ祭りのひな人形や、流し雛、災い除けの人型に姿を変え、今に至っております。ヒトガタというものを、具体的に人形という形にして、魔除けや悪い念を吸い取るという形を始動されたのは、シタテル姫様です。シタテル様は、伏せの御業全ての御指南役でございます。

アマガツ　鳥取市用瀬町　流しびなの館

サツサツヅ歌は、ありがたい五・七のお歌です。オオン神方、尊き血の方々は、何故にあのように力のあるお歌がするすると口をついて出てまいりますのでしょう。伺う所によりますと、腹の底（丹田）の部分と頭の部分で練り、回転を与えると、いらない部分が跳ね飛ばされ、力のある音だまが残ってくるのだそうです。魂ふりの要領です。それを息に乗せて出すのだそうです。大きな音だまが出せるには、大きな体型が必要となります。我々の時代は、この体型が大きなことは愛でられ、神事の時の重要な要素とされました。

ハタレとの戦いは、大いなる力を持って戦わねばなりませんでした。そこに疫病の蔓延も重なり、人々の心も不安定になっていったのです。我らの戦いは、いかに人心を安定させるかということも含め、並大抵のものではありませんでした。ここでオオン神が読まれたサツサツヅ歌は、表面的な部分では厄病や人々の悪しき心を転換する音だまですが、内に秘められたものは、人々の心の良きほうへの転換でございました。［2015年2月18日］

初公表のサツサ・ツヅ歌

アマノコトネさんが、サッサ・ツヅ歌について尋ねるとさらに詳しくお答えくださいました。

瀬織津姫　サッサ・ツヅ歌です。

世の人々よ、よく聞きなさい。草草の民と言われる貴方がたにも、この地球で生きる権利があるのです。その方法は貴方の胸の内にあります、誰かにそそのかされて、自分の考えを決めるのではなく、清き心の証を天に映して御覧なさい。貴方の心が澄んでいれば、鏡がそれを証明してくれるでしょう。

ツツウラニ、ミクサカガミノ、ノコシフミ

テラシマシマセ　ツヅケモロタミ

（鏡というのは映しますので2回繰り返すのにも使うようです）

アマノコトネ　ヲシテではどのように残されたのでしょうか。

サッサ（ツ）ノ　アラシフキアレ
ココリック　ヒトノココロノ　ツヅクモアラン

颯々《さつさつ》は、風が吹き上げ、天に昇る様だそうです。こんな殺伐とした、凍りつくようなそんな人の心が長くつづくものでしょうか？　また、この世の悪い事が風に巻き上げられて、浄化してしまうことを願われました。

［２０１５年2月18日］

第4章　天照大神　理想の国の建国

天照大神　宮中ご講義の様子

Q　アマテル様が、伊雑宮《いさわみや》で、臣や青人草（庶民）をお庭の白州に集めて、さまざまな御教えをご講義されたことがホツマ14紋などに記されています。その御様子をお伝えください。

瀬織津姫　オオン神は、トヨウケ様から教育の尊さをしっかり学んでおられるばかりかご自身でも発想なさり、この尊き御講義はホツマ、ミカサフミの随所に残っております。

私は自分の場所がございますので、そちらで拝聴いたしました。后はそれぞれの方位を守る為に自分の場所に陣取り、拝聴いたします。臣・民たちも自分の場所が決まっておりまして、こちらで御講義を伺います。

［2015年2月21日］

ナガタ・ナガサキの意味

Q 「ナガタ、ナガサキ」については、小林正観様、神渡良平様が以下のように解釈されています。

ナガタは「あなたが楽しいと思ってくださることが私の幸せです」＝「他の人の楽しみを先にするという生き方」。ナガサキは「何か私がお役にたてることがあればうれしい」＝あなたに幸せになってもらうために、私は何をしてあげたらいいですか」と、あなたの幸せが先でいつも相手のことを気遣《きづか》って生きることです。ナガタもナガサキも同じ「お先にどうぞ」と譲る精神で天地を貫く幸せの原理であり、古代日本人が大切にした生き方、と解釈されています。実際はいかがでしょうか。

瀬織津姫　「ナガタ＝誉《ほま》れ、ナガサキ＝譲る」と言われ、いつも注意する心得の中にございます。ナガタの起こりは、細長い、田んぼになりにくい、ほとんど人が見過ごすような細長い田んぼでも、家の者の為に稲種を蒔き、育てている人は素晴らしい、ということです。ナガサキの意味合いは、ナガ＝貴方がサキなのです。また私はひそかに、名を誉れとして何よりも先に考えなさい、ということと心得ております。

［２０１５年３月２日］

カカンノンテン

Q　それではお伺いいたします。ホツマに出てくる言葉で、よくわからないと言われる、「カカンノンテン」という言葉についてお教えください。

神の法典。神楽の太鼓の擬音《ぎおん》。発生・成長・熟成。

またそれらを象徴する行為などさまざまな解釈が出ています。

瀬織津姫　「カカンノンテン」ですか？　誰でもが使うことのできたマジナイ言葉と言った方がよいかもしれません。深き意味はオオン神が説かれたことがあります。それ以来、上から下まで皆が使い広めました。ありがたい言葉です。天地自然の成り立ちから、宇宙観まで含め、どんな人間でも唱えることを許されたありがたい神言と言われております。どんなに今が調子悪くとも、再生して良い方向に向いていく、そのきっかけとなるのがこの言葉です。

［2015年2月12日］

伊雑宮

Q　伊勢のイサワ宮（伊雑宮）へ幾度か参拝いたしました。こちらに長きにわたり、セオリツヒメ様がアマテル様とご一緒にお住まいであったことがホツマでわかります。その象徴としての現在の伊雑宮ですが、後の世の遷宮制度以降、いつからか神殿が一つのみとなっていますが、元は二つ並んでいたものと思います。現在、セオリツヒメ様の御神体は、近くの佐美長《さみなが》神社*1に遷されていると推定しております。

イサワ宮は、国の代表の宮殿とはいえ、人々の住居とあまり変わらぬ様子で、極めて質素なお暮しをされていたような雰囲気がします。境内には今も井戸があり、これをお二神はお使いになられたのかな、とワクワクしながら拝見しています。それとも、たたずまいは当時の様子とかなり異なっているのでしょうか。

瀬織津姫　イザワノ宮に居りました時も、いつも質素倹約に努めました。世を揺るがす大きな乱があり、どのように人心を擁護し保護するかが、宮内でも課題でございました。今のイザワの場所より山側に宮がありました。今の場所は当時浜辺でありました。身を隠す岩屋もあり、敵が海側から来ても戦えるようにしたこともあります。［2014年12月22日］

＊1　佐見長神社　主祭神大歳命。境内に佐美長御前神《さみながみまえのかみ》を祀る4つの小さな神明造の社で構成される佐美長御前神社《さみながみまえじんじゃ》が鎮座する。

伊勢内宮

Q イサワ宮から、現在の五十鈴の内宮の場所へ御遷りになったこともホツマに記されています。内宮についてお教えください。

瀬織津姫 心の御柱[*1]こそ、我らが守らなければならない大切なものです。この御柱を尊きものと我らは考えます故、これをお守りする為の宮と言われるのなら、今の内宮と外宮の場所に置きます。自然の景観にも恵まれたこの理想の地に、私たちは移りました。皇子のお命を守る為には必ずしも良い場所ではない為、イザナギ様、シモテル様やオモイガネ様にもご相談し皇子の御養育も兼ねて場所も移しました。

［2014年12月22日］

＊1 心の御柱 伊勢神宮正殿の床下中央に立てられる柱。神霊がやどる柱として古来神聖視される。忌柱《いみはしら》。天御柱《あめのみはしら》。（「デジタル大辞泉」より）

諸外国との交易

Q 特にモチコ様・ハヤコ様のいらっしゃったネの国は、海外との人的交流や、交易が盛んであったことが、ホツマと、このたびのセオリツヒメ様のお話でもわかります。具体的にはどの国とどのような交易をされていたのでしょうか。調べてみるとヒスイ・黒曜石・琥珀などがあったようです。マナヰの近くのミヤツ（宮津）も貿易港だったのでしょうか。

瀬織津姫 気候も温和で天然の良港として、昔から貿易が盛んでした。また、陸路も完備されておりました。ただ裕福成るが故の統治を我がもの、と考える輩がからむ場所でもありました。クラキネ様[*1]の軽率なお考えが、後の大乱の元にもなりました。財力の集まる所に悪がはびこるのです。全ての隣国との交易が成り立っておりました。主に今でいう韓国、韓国を通らず、直接中国の方からも人はやって来ました。海を挟んだ向こうの大陸からです。

石の需要がありましたが、鉱物の需要もありました。特に金、銀、銅、水銀、鉄などの需要も多いものがありました。皇室に伝わった絹も、我々にとりましては交換したいものでした。いろいろな物が海を渡ってやって来ました。

しかし我々の国は、島国故に守られる交渉事も多くありました。不思議なことに、我が国の産物は他の国の人から言わせると、富の象徴のようなものが多かったようです。

［2015年1月3日］

＊1　クラキネ　イザナギ・シラヤマ姫の兄弟で、モチコ・ハヤコの父に当たる。政治と私生活を混同することで、統治を委任されていた根の国（北陸地方）の治安が乱れ、後に、大祓祝詞にも登場するシラヒト・コクミの事件の遠因を作る。天照大神は、クラキネの死後、クラキネは祀らず、と指示を出された。

天照大神・豊受大神が女神として感得される理由

Q　セオリツヒメ様がご存命の間は、宮中でのアマテル様のお言葉のご公表はセオリツヒメ様がなされた、ということと、後の世にアマテル様が女性として誤認されるようになったこととは関連があるのでしょうか。

瀬織津姫　私の立場を顕著なものにする為、ということで考えられた秘策でございます。モチコ様・ハヤコ様から始まります国の難儀の原因が、私の責任ではない、というようにする為の大いなる秘策でございます。アマテラスオオミカミをお呼び出しして、いらしてくださるのは、お呼び出しなさる方がスメラミコトでなければなりません。または、その一番近い御身内の方に限ります。

一般の方からのお取り次ぎを任されておりますのが、内宮では私でございます。後の世の人々の誤認は、私を見ることのお力のある方が私の姿を見て、アマテラス様は女性である、と思われたのでしょう。記紀をお書きいただいた方々はこのことを知らず、オオン神の存在を女性といたしましたことと思います。また、古代を知っております巫女や、宮中の人々は、シタテル姫様のお力の偉大さから、よく口伝の語りとして語られておりましたので、アマテラス様を女性とされてもおかしくはございません。
外宮はトヨケ様でございますが、これとてもアマテラス様の補佐役としてのトヨケ様であり、シタテル姫様でありますす為、食事の用意（御饌をささげるのが、ヒメとされました為）をなさる、外宮の取り次ぎ役はシラヤマ様でございます。こちらも女性神を見た方が居ても間違いはございません。

［2015年1月17日］

天照大神の御側近・御代理

Q 皇后セオリツヒメ様とアマテル様のお役割について、お伝えください。

瀬織津姫 幾度となく語っておりますが、私のお役目はオオン神の御為に、お側近くにお仕えいたしますものでございます。オオン神のなさいますことは、しもじもの細かい願い事を聞くなどということではございません。この国の為、国難を、歴代のスメラミコトとともに取り去ってまいりますのがお役目でございます。この国を守るアマテラス様には、感謝の気持ちしか思い浮かばないのが当たり前でございましょう。

［2015年1月17日］

八咫の冠

Q アマテル様がおつくりになられたとされるやたのかむり（八咫の冠）も、常にアモトカミの御意志をお聞きするものと捉えてよろしいでしょうか。

瀬織津姫 権威の象徴と御心得ください。オオン神は何時でもアモト神とともに居られます。またお言葉を降ろすお役目はシタテル姫様でございました。

［2015年2月7日］

十種の神宝

Q 三種の神器とは別に、クシタマホノアカリ様、[*1]ニギハヤヒ様[*2]がアマテル様より授かった、とくさのかんだから（十種の神宝）［1］オキツ鏡［2］ヘツ鏡［3］ムラクモ剣

［4］ウナル玉　［5］霊還玉《たまかえし》　［6］チタル玉　［7］ミチ明かし玉　［8］オロチヒレ　［9］ハハチシムヒレ　［10］コノハヒレは、ホツマによれば、ホノアカリ様とニギハヤヒ様の代にしか継承されていないものですが、どのような意味があるのでしょうか。

瀬織津姫　あれは、星座および強い勢いを持つ星の形で力のあるものだと心得ます。それぞれに病を治すに使うもの、人の心の迷いを払うもの、遺恨返しに使うもの、航海に使うもの、反乱を鎮めるのに使うもの、人の心の読み取りに使うもの、死んだ者を生き返らせるもの、心に宿る自らの欲をたつもの、人の後悔をわかり自分の側にひき入れる為に使うもの、神との交信に使うもの、でございます。オオン神が、戦いより学ばれました、人の心の持っていき方の心得、と私は捉えております。指導者たるものが持たなければならない良識を説かれたものですが、これを言霊に乗せて念じますと、お力が体中にみなぎること、オオン神から下されたお宝であるとしております。

［2015年3月6日］

＊1　クシタマホノアカリ　天忍穂耳命とタクハタチチヒメの第一子。ニニキネの兄。テルヒ

コ。アスカの神。

＊2　ニギハヤヒ　瓊瓊杵命と木花咲耶姫の御子神であるムメヒトの御子だが、世継ぎが生まれなかったクシタマホノアカリの養子となる。天照大神に命ぜられて、クシタマホノアカリが富士山を模して造った天の香具山のある明日香国の2代目のカグヤマ央君《ヲキミ》となる。

豊受大神　ユキキの道

Q　トヨケ様は、クニトコタチ様、キノトコタチ様[＊1]の前世をお持ちであることがホツマには記されています。

瀬織津姫　「前世を持つ」という言葉は正しくありません。そのようなお力をお持ちでしたということです。我らが伺うことのできるクニトコタチ様、キノトコタチ様のお話は全てトヨケ様から伺ったものでございます。それほどトヨケ様のお力は神のお力でございま

比沼麻奈為神社

した。

＊1　キノトコタチ　初代タカミムスビ（東北＝ヒタカミを結ぶ＝統べるという役職名）。

［2015年2月11日］

ミケヨロツナリソメ　肉食の戒め

Q　戦後70年、日本人の生活様式は大きく変わました。食生活においては、ホツマ15紋「ミケヨロツナリソメノアヤ」でアマテル様が、食してよいものと食してはならないものについてお教えくださっています。

鳥や獣は血が穢れ、短命となり、死後も魂の緒が乱れ、天上に還ることができなくなる、とまで記されています。私もできるだけ、鳥や獣の肉は避けるようにしています。クニトコタチの御教えに戻ることの中で、さまざま改めなくてはならないことがありますが、優先的に教育と並んで、食のあり方を正さなくてはならないと思いますが、いかがでしょうか。

瀬織津姫　今の世の人々の体形も大きく変わり、行動の中で仕事の形態が左脳を多く用いる作業の従事が多くなっているように感じます。

我らの世に帰れとは言い切れないものもありますが、何事も過ぎることはお勧めいたしません。贅沢な消費の為の動物の殺傷は止めなければなりません。グルメというものは必要ではないと思います。私の口から申しまして、権威の象徴が贅沢ではございません。我らの時代と今の時代は比較検討の域にはございません。自らが作ったものを天から頂き、食すことのありがたさを知って初めて幸せを感じるのではないでしょうか。

［２０１５年１月１日］

カタカムナ

いつもありがとうございます。それではお伺いいたします。

２０１１年夏に、セオリツヒメ様の御陵の存在が気になり、その年の7月31日に初めて天穂日命様の磐座[*1]に参拝し、その後に初めて六甲比命大善神社を参拝いたしました。その数日前に、インターネットで六甲比命大善神社を発見した時から、こちらがセオリツヒメ様とご縁のある磐座に違いないと直感いたしました。

心経岩から山道を登り、初めて、その巨大で荘厳かつ神秘的な磐座を拝見して、こちらが間違いなくムカツヒメ様の祠ではないか、と個人的には確信しました。ほぼそのころ、静岡県在住の方とのご縁が出来ました。その約5か月後、その方に以下のようなお伝えがありました。

瀧甲秘《ろっこうひ》め
六甲おろしは神おろし
山脈の尾根　背降り都に
風と共に降り立った
六甲山
上からみると

平十字《ひらとうじ》

六甲比売は瀬織津姫

このお言葉によって、私は確信をさらに固めました。

また、そこに平十字《ひらとうじ》というカタカムナとも縁のある言葉が登場しております。カタカムナは、六甲山が発祥の地です。内容はいまだほとんど解明されていませんが、フトマニ、ヤタノカガミ、オノコロ、アメミナカヌシ、アマノトコタチ、クニトコタチ、タカミムスビ、カミムスビ、カナサク、ハヤアキツヒメ、オオヤマズミ、ムカヒなどなど、ホツマとも関わる言葉や神の御名が多く登場しますが、意味のわからない言葉もたくさんあります。カタカムナは、ホツマとともに研究していくべきものなのでしょうか。お教えください。

瀬織津姫　あの文字は見たことがあります。我らの時代よりずーっと前、クニトコタチ様よりずーっと前に記されたものがある、と聞きました。基本は一枚一枚の音と並びにあります。図象を重ねたものは、後の世の人が作り出したものでしょう。一つ一つの音が大事、

としておりますことは変わりありません

ヲシテ文字は一つ一つの音を大切にいたしましたので、今に至っております。ヲシテ文字は、タの一族に伝わりますものでございます。

天より授かりました図表を守っておりますのが、カタカムナの宮司という方々ではないでしょうか。六甲というこの地が、霊力が高いイヤシロチとされておりますのも、カタカムナのこの力を温存できる地質でもあるからです。

我らメ（女）の道を守るものには、天から頂きました大切なものの保護をすることという大きなお役目もございます。この国が位置します土壌は、天から頂いたものの保護や管理をするには適した場所でもあるのです。人々も受け入れ、いつの間にか同化する、という特質も兼ね備えていました。

カタカムナは恐ろしい力を持っております。よほど動じない精神力を持たないと、本当のことは解明できないでしょう。カタカムナ神社で保管されている音の元になるものが、3次元（この世）に出てまいりますれば研究者は増えるでしょうが、我らは害が至らないヲシテで事が足りると思っております。

［2015年2月28日］

＊1　天穂日命の磐座　セオリツヒメ様の磐座から直線距離にして約300メートル東の丘に鎮座する亀をかたどったと思われる磐座。六甲山カンツリーハウス（4月～11月中旬まで開園）施設内にある。その2つの里宮として芦屋神社が冬至の日の出方向に、綱敷天神社が真南に位置する。また磐座は、伊勢の伊雑宮と出雲大社を結ぶ直線上にピタリと位置することから、セオリツヒメ様をお守りし、かつ出雲と伊勢を平和的に取り結ぼうと出雲杵築大社《きづきのおおやしろ》の斎主を務め、尽力された天穂日命の素晴らしい御意志が読み取れる。出雲系の神社の社紋が亀甲紋であることのルーツの磐座であるかもしれない。

ヒフミ

Q　ヒフミ[＊1]について、お教えください。（アマノコトネ）

瀬織津姫　ヒフミは、我々の時代より古くよりあったものでございます。物事の成り立つ時この言葉がいろいろに使われておりました。モノザネと同じに図形は力を持ちます。星はその永遠さを示します。言葉の音はなくなることがない永遠の力を持ちます。ヒフミは長い時代を経てきました。ゆえに大きな力があります。そのことをお忘れなきようお願いいたします。

確かにそれぞれの神宝を代表する言霊（詞の神）なのです。［2015年3月7日］

＊1　ヒフミ　ひふみよ　いむなや　こともちろらね　しきる　ゆゐつわぬ　そをたはくめか　うおゑに　さりへて　のます　あせえほれけ

天照大神・瀬織津姫の因幡行幸

Q　丹後マナヰの西に位置する、現在の山陰と呼ばれる地方＝サホコチタルの国へお出かけになられたことはございますか。サホコチタルの国で、アマテル様が行宮《あんぐう》にふさわしいところをお探しになっていたところ、一匹のシロウサギが現れて、シロウサギが行宮にふさわしい場所までご案内した、という伝承が、[*1]私の故郷サホコチタルのイナバ＝ヤカミ

（八上）に残っています（ヤカミは、セオリツヒメ様のお名前で祀られる神社が比較的多く残っており、その密度が全国で最も高い地域です。お后と通じるキサイチ（私都）という地名も残っています）。私もその神話伝承を基に、2冊の本[*2]を上梓したのですが、アマテル様からそのようなお話はお聞きなさっていますでしょうか。

瀬織津姫　はい、其処は行きました。オオン神とともに私までご一緒することはできませんでしたが（宮を守らねばなりません）、オオン神の御業績をしのぶ旅をさせていただいたのです。オオン神からは不思議な話として、白ウサギの話は聞きました。オオン神は、この白ウサギは神の使いであった、と言われました。またこのウサギには美しい飼い主がいたこともお話しされました。

［2015年1月2日］

＊1　八上の天照大神と白兎伝承　古事記の因幡の白兎神話とは全く別のお話。八頭町《やずちょう》門尾《かどお》の青龍寺の城光寺縁起、同町土師百井《はじももい》の慈住寺縁起によれば、天照大神ご一行が行幸中、八上に差し掛かった折り、一匹の白兎が現れ、天照大神の裳裾《もすそ》を口にくわえて、行宮にふさわしい

八上の白兎神社

ところ、現在の霊石山伊勢《れいせきざんいせ》が平《なる》まで案内する。白兎はそこで姿を消したというもの。この伝承と関連して3つの白兎神社がある。

＊2　2冊の本『八上　神秘の白兎と天照大神伝承』『天照大神・瀬織津姫の因幡行幸』

八上姫

Q　サホコチタルでアマテル様がご覧になったウサギの美しい飼い主、とはヤカミヒメ[＊1]、またはヤカミヒメの御一族の方と思います。ヤカミヒメはホツマには登場しませんが、容姿も心も美しい方で、その噂を耳にされた出雲のオオナムチノミコトが求婚されました。ご結婚されてしばらくヤカミにお住まいになりましたが、やがてオオナムチ様は出雲へお帰りになり、それをヤカミヒメは追ったのですが、出雲にいらした本妻に遠慮して、ヤカミに戻られました。ヤカミヒメの神社の紋が桜紋、御子神が御井神、と、セオリツヒメ様と共通するところがあり、もしや親子の御関係では？　とも思ったこともありました。ヤカミヒメのことについては何かご存じでしょうか。

瀬織津姫　ヤカミ姫は私の親戚となります。山住の一族です。桜は我が一族にしかつけられません。木に関しましては我が一族とお考えください。

オオナムチ様のやり方でしょうが、各地に奥方が居られ、それぞれに御子がおいでになり、その方法で統治を行っておられたことは承知いたしております。

［2015年1月3日］

＊1　ヤカミヒメ　絶世の美人としてその噂を聞いた大己貴命《おおなむちのみこと》ら八十神《やそがみ》が、結婚しようと、因幡の八上に向かう。その途中の海岸で白兎と出会うストーリーが有名な因幡の白兎の神話。八上姫は、大己貴命と結婚し、しばらく因幡の各地に居住されたもよう。御子神として、因幡で御井神をご出産、そして現在の出雲で、アダガヤヌシタギキヒメをご出産される。いずれも御井神とも呼ばれ、木股神《きのまた》とも呼ばれる。

天照大神のご神蹟を追って

Q　サホコチタルのヤカミ（八上）では、アマテル様の行幸・行宮伝承が色濃く残っています。アマテル様が、ヒエの山（現在の鳥取県若桜《わかさ》町・兵庫県境の氷ノ山付近です）の樹氷に照り輝く朝日をご覧になってお詠みになったウタが伝わっています。地元では

あしひきの　やまへはゆかじ
　しらかしの　すえもたははに　ゆきのふれしば

多少、間違って伝承されたかもしれません。万葉集　詠み人知らずに類似した歌が収録されています。

あしひきの　やまじ（山道）も知らず
　しらかし（白橿）の　枝もとををに　雪の降れれば

サホコチタルのヤカミにはアマテル様が、冠を置いていかれた、とする御冠岩《みこいわ》（みかんむりいわ）が、アマテル様が行宮された霊石山《れいせきざん》の中腹にあります。セオリツヒメ様もこの岩をご覧になられたのでしょうか。

瀬織津姫　私は幼い時より父や家の者についてよく山を歩きましたので、ひ弱な人間ではありません。多少の起伏は当たり前でございます。天照様をしのぶ場所には当然参りました。

［2015年1月3日］

真奈井が原の月《つき》の輪田《わでん》

Q　トヨケ様のご活躍につきましても、もっと世に知れ渡るように願っております。サホコチタル、私の故郷因幡《いなば》に稲葉神社*1があります。そこに祀られる稲葉大明神は、どこからかおいでになり、稲作をお伝えになり、半月形の田、古苗代・大苗代をお作りになりまし

霊石山　御冠石

た。これが神社創建の縁起であります。

トヨケ様・アマテル様の鎮まれる丹後マナヰにも、半月形の月の輪田があり、ここでトヨケ様が稲作をお始めになったという伝承が残っております。稲葉大明神はトヨケ様ではないのでしょうか。ご存じでしたら、お知らせください。

瀬織津姫　はい、確かに、半月型の月の輪田は、トヨウケ様の御意向で作ります、元種を育てます御田に相違ありません。この田で育ちます米は、元気な水栽培に適した米でございます。トヨウケ様のお許しがあり、熱心な稲作の普及者が居れば、トヨケ様自らお出ましにならなくても田は作ることができました。米の普及は、トヨケ様の時代も我らの時代も何よりもしなければならない国家的事業だったのです。稲葉明神がトヨケ様であろうかというご質問ですが、私の知る限り、定かではありません。

［2015年4月9日］

月の輪田についてのお話を頂戴し、まことにありがとうございます。

大切なトヨケ様の神蹟ですが、昭和の圃場整備《ほじょうせいび》で、無残にも位置を変えられ、規模も

月の輪田

縮小されています。数年前より地元京丹後市の中山泰市長（当時）が積極的に取り組み、月の輪田とその隣の水田で、伊勢神宮への奉納のための稲を育てるようになったのは、救いではあります。いずれ、元の場所に復元しなくてはならない、と思っております。

＊1　稲葉神社　鳥取市立川に鎮座する神社。これが稲葉（現在は因幡）の地名由来と言われる。後に武内宿禰が旗を納め祀ったことから、因幡の漢字があてられるようになった、という。

第5章　同時代にご活躍の神々

猿田彦命

Q　ホツマに記されるサルタヒコ様は、たいへんなご長寿であったように思います。サルタヒコ様とは仙人のような方なのでしょうか。ホツマでは、４メートル近くの大きなお体だったとあります。

瀬織津姫　サルタヒコはたいへん人の良い方でございます。米の耕作にも熱心な方です、渡来の方です。海洋民族と言ったらよろしいのでしょうか。初めは船を扱い、大きく貿易をしておりました。オオン神に気に入られるほど、よく仕えてくれました。伊勢の地を治めてもおりました。この人の気性については住吉のカナサキの保証もありました。4メートルという単位はわかりませんが、他の人より二回りほど大きな人です。

［2015年2月15日］

月読命

Q ツキヨミ様がナカクニで民を殺《あや》めたことがきっかけで、アマテル様がお怒りになりました。「ナンヂ　サガナシアヒミズト　マツリハナレテ　ヨルキマス」ツキヨミ様は、トノミヤ＝外宮（四国）で統治をされた、とホツマでは記されていますが、全国でツキヨミ様を祀る神社もそれほど多くないと聞きます。伊勢神宮においては内宮・外宮ともにツキヨミ様を大切に祀っていらっしゃいます。ツキヨミ様についてお伝えいただけますでしょうか。

瀬織津姫　私は親しく直接ツキヨミ様にお会いしたことはございません。遠くから、たいへんに美しい方であるという認識と、宮内で働く者たちの噂話、またオオンキミや、シタテル姫様から伺ったことを申し上げる以外に手立てはありません。

トヨケ様のお考え、即ちモトモトアケのご神託によるものですが、オオン神の兄弟たちがこの国の主なる所を守り、繁栄させねばならない、トの教えの、つくす・やわす、を基本理念として国を治めよ、というものです。たとえ、統治するものが反抗しても、それは教育されていないも者のの成せること故、よくわかるまで説いて聞かせなさい、ということでありました。

たとえツキヨミ様の部下のやった失態であっても、その責任はツキヨミ様にあります。それでオオン神は怒られたのです。「ツキヨミ様は、冷たいと取られるような凜としたお方ですが、非道をなさる方ではありません」と、イヨツ姫からも誤解なきようにと懇願されました。兄弟は大切にせよ、とのトヨケ様からのお話もあり、オオン神も頼りにしておいででした。

ツキヨミ様のお仕事には喪を守るお仕事も含まれておりました。誰の喪かと申しますと、イザナミ様イザナギ様の喪でございます。それ故に伊勢の地でも、ツキヨミ宮にイザナミ様、イザナギ様をお祀りしております。これが一つの決め事でございます。

更にツキヨミ様もトヨケ様の元で徹底的に教育をされた方ですので、ツキヨミ様のお嘆き事は、オモイガネ様が対処いたしました。太陽を光らせ、月をもお守りするお役目のオモイガネ様という方は、トヨケ様がお考えになったとおりのお方であったのです。それゆえにシモテルヒメ様は、ほうっておかれる寂しさもおありになったのでございましょう。どんなに能力がおありになりましても、女は女でございます。

改心なされて大きなお力をお示しになったスサノヲ様に対し、陰となり日向となって面倒を見られました。男の陰で笑うのも泣くのも女でございます。

［2015年1月8日］

手力男命《たちからをのみこと》

Q タチカラヲ様も大きな体で、力持ちであったそうですが、どのような方だったのでしょうか。

瀬織津姫　たいへん性格も良く、オオン神は自分の甥っ子として、たいそう可愛がりました。何と言ってもワカヒメ様とオモイガネ様のお子様です、皆が期待をしてもおかしくありません。またこの方は力持ちで、この方の作るお米は大きく美味しいので、皆がその作り方を学びたがりました。ニニキネはタチカラオに米の作り方を学び、皆から尊敬を集めました。またこの方は、土木事業に力を発揮なさりました。水分けの問題が起こった土地に行かれ、瞬く間に問題を解決したり、お父様、お母様譲りの、知恵と呪文で耕作従業を管理されたりしました。灌漑事業も多くされました。体の大きさはサルタヒコさんと良い勝負であったと思います。

［2015年2月13日］

息吹戸主命《いぶきどぬしのみこと》

Q　ツキヨミ様の御子神であるイブキドヌシ様は、ハタレの乱の時には、ともに大活躍されました。祓戸四神の一柱でもいらっしゃるイブキドヌシ様は、息吹山ではイフキ神が大オロチとなってヤマトタケ様の御命を奪われました。ヤマトタケ様はソサノヲ様の転生であることがホツマにも記されています。イブキドヌシ様についてお伝えいただけますでしょうか。

瀬織津姫　ツキヨミ様の息子様はたいへん優秀で、幼い時より、武芸はシモテル姫に、学びはオモイガネ様に付かれ、良き跡取りに育たれた、と聞いております。ヤマトタケ様のことは我らの生きた時代より下っておりますので、よくわかりません。

［2015年1月8日］

アマノコトネ　本日の質問で思い出したことがあります。四国の伊予国の一之宮に伺いました所、女の方が出て来られまして「オオゲツヒメ」と名乗られ、「自分たちはこの地の土着の者だが、ある時中央の人がやってきて『米を作れ』と言われた。我々は高地であることと、雑穀が豊富であるので、米は必要ないと言った。仲直りのつもりで宴に招いた、しかし、食べ物を盛った器に難癖を付けられ、切り殺されてしまった。あげくに私たちの大事な食料を全て持って行かれた」と言われ、「やってきたのはどなたですか」、と聞くと「ツキヨミという人の使いの者だ」と言いました。

この話は、いときょう（一《い》糸《と》恭良《やすよし》）先生に確かめましたところ「それでオオン神にきつくおこられた、という話がホツマにあります」と言われました。

瓊《に》瓊《に》杵《きね》 命《のみこと》

Q ニニキネ様について、ホツマの序文で、

トキニヲンカミ（アマテル様）　ノタマフハ
イマニニキネノ　サキミタマ　クニトコタチノ
ワサミタマ　アラハルイツト　カカナエテ
ワケイカツチノ　アマキミト　ナツケタマハル
ヨノハシメ　イマスヘラキノ　アマキミハ

ミナニニキネノ　イツニヨル

「いまこそ瓊瓊杵《ににきね》の幸御魂と国常立命の術御魂《わざみたま》が一体となり、『その御稜威《みいづ》が世にあらわれるのであろう』とおっしゃって、雷より雨を分けて降らし、土を活かしたご神徳により、瓊瓊杵命を別雷《わけいかづち》の天君とお讃《たた》え申し上げたのでした。世の初めのころの、このような瓊瓊杵命の御稜威《みいづ》により、今に至る世々の天君は国を治めることができたのです」（鳥居礼氏『完訳秀真伝』）

とありますように、たいへん賞賛されています。ニニキネ様の御即位の時に、セオリツヒメ様もいらっしゃったこともホツマに記されております。御即位の様子や、ニニキネ様について、お教えください。

瀬織津姫　そうです。ニニキネの御養育係でありましたタズカラオ様は、父オモイガネ様の跡を継ぎ、お二人の天孫をしっかり御教育くださいました、またこの方々の臣となられます御子たちも、しっかりとご教育くださいました。テルヒコ＝ホノアカリは、長男として先に即位しましたが、大切な皇子が生まれず、心配いたしました。またこの人はたいへんに性格の良い兄でしたので、弟を盛り立て、この弟の即位にもひとかたならぬ力を尽くしてくれました。

ニニキネの即位は、天下国家の人々が全て喜んでもらえたことだったのです。しかしニニキネの心中を私はわかっておりました故、九州の地に天孫降臨なされると伺った時には、その思慮の深さに感銘いたしました。オオン神の言われましたとおり、人々を怖がらせる雷でも、田の栄養ともなり、水ともなることを教えてくれた優秀な孫が、この国の新しき場所での、コメの栽培による飢餓対策と、トノヲシテの咲きわう国づくりに着手してくれることは、オオン神や私にとってどんなに力強いことでございましたでしょうか。

またこの時、ニニキネは新しい力を得ることができました。兄の推薦もあり、優秀な臣下を持つことができたのです。これはひとえに、陰の立役者であるタヅカラオ様のおかげです。また我が血筋から、皇后（コノハナサクヤヒメ様）を輩出することができましたことを誇りと思っております。ニニキネにより、大きく世が変わったと申しましても過言ではありませんでした。

［２０１５年2月15日］

天児屋根命・子守神

Q　ニニキネ様の左の臣、アマノコヤネ様[1]は、100か月もの間、お腹にいらしたそうです。お体もたいへん大きく、一丈二尺五寸で、アマテル様と同じくらいであったと、記されています。ニニキネ様のご即位式の時に「セオリツ姫は　御鏡を　持ちてカスガに　授けます　ハヤアキツ姫は　御剣を　持ちてコモリに　授けます」とホツマ24紋にあります。右の臣、コモリ様[2]は薬草のご研究でもご一緒された、と以前に伺いました。左の臣、アマノコヤネ様と右の臣、コモリ様はどのような印象のお方だったのでしょうか。

瀬織津姫　私どもから見れば、信頼できる若者たちでございます。アマノコヤネは叡智に富み、一族の誉れ高き臣でございました。テルヒコ＝ホノアカリに仕えましたが、周りの者のやっかみにあい、下がった時期もありました、ニニキネと気質が合うことを察知されたタズカラオの御進言で、ニニキネに仕えることとなりました。まだまだお若い時から、オモイガネの再来とも言われましたので、その責任の重さは本人が一番理解したのでしょう。しかし、頭の良い人は、常に控えておらねばなりません。何をしても目立つのですから。そんな時でも、タズカラオ様からオモイガネ様の謙虚さをお聞きになり、模範とされた、と聞いております。また右大臣、左大臣、双方の心配りは、互いの良きところを認め合う、という素晴らしい調和の上に、ニニキネの政権が始まったのです。人の適材適所の才能を見抜くのも、オオン神のお力の一つです。

コモリは、子だくさんと言われていますが、医学にも通じておりましたし、心病み（精神的疾患）ということにも通じておりました。ニニキネの時代は、子孫繁栄の礎が子だくさんであったので、コモリの所に、教えを乞いに行く人々が多くあったことも事実です。私も、出産の書であるトヨケ様から頂いたミミノハについて教えを請われ、講義をいたしました。「女のことは女に聞くのが一番です」と申されました。この二人の臣は、夫婦ともに仲が良く、臣の見本となってくれた、自らをわきまえた良き臣でございます。

［2015年2月16日］

＊1　アマノコヤネ　春日神。瓊瓊杵命《ににきねのみこと》・彦火火出見命《ひこほほでみみこと》・鵜草葺不合命《うがやふきあわせずのみこと》に仕える左の臣＝鏡の臣。

天児屋根命の御陵はホツマによれば、京都大原野の小塩山《おしおやま》であることがわかる。その麓の大原野神社本殿は、現在は南面しているが、かつては東向きで、参道も東から本殿へ向かっていた。大原野神社の真南に、東大阪の元春日、枚岡《ひらおか》神社が鎮座する。天児屋根命には、ヒメ神と呼ばれるお妃がいた。ヒメ神はタケミカヅチの一人娘で、かつて茨城県神栖市息栖の息栖《いきす》神社に祀られていたことがホツマで判明する（現在は、祭神は久那戸《くなと》神・天鳥船命・住吉三神）息栖神社は西向きの神社であることが以前より謎とされていた。地図上で参道の延長方向に枚岡神社が位置する。ホツマには、天児屋根命とヒメ神が離ればなれになっても、お互いが向き合う位置関係に祀られたことが記されている。

＊2　コモリ　子守り神。アマノコヤネと同じく瓊瓊杵命・彦火火出命・鵜草葺不合命に仕える右の臣＝剣の臣（大物主の3代目）。計36人の子をもうける。滋賀県高島市安曇川《あどがわ》町の與呂伎《よろぎ》神社祭神。

天津彦根命・活津彦根命・熊野櫲日命

Q ハヤアキツヒメ様がご出産されたアマツヒコネノミコト様[*1]を祀る神社が、向津峰《むかつみね》（六甲山）の北西にいくつかあります。以前、セオリツヒメ様から少しお聞きしましたが、アマテル様の五男のうちのクマノクスヒ様[*2]、イクツヒコネ様[*3]、そしてアマツヒコネ様について、どのような印象の方々でしたでしょうか、お教えください。

瀬織津姫 子を思う母の心根は何時の世でも変わりません、母は皆、我が子のことを大切な宝と思うものでございます。また子にしましても、頼るのは母なのです。しかし我らの時代、尊き血を守るのも我らの役目でございました。

アマツヒコネ様は、しっかりしたハヤアキツ姫とシタテル様、オモイガネ様の御教育で、オオン神の臣になる道をまっすぐに歩まれました。オオン神も安心してお側に置かれました。私も安心して可愛がりました。ハヤアキツ姫は私の後任として、出過ぎることもなく務めてくれました。

イキツヒコネ様は、シラヤマ様とヤソキネ様の娘様、ミチコ様の御子です。兄君たちの裾に付き、仲良く遊んでおられた姿が思い起こされますが、さすがにトヨウケ様の御教育がしっかり行き届いた御一族でございます。こちらも甘やかされることもなく、私も、シラヤマ様の御指導のもと育ちました経緯もあり、根はヤンチャなイキツヒコ様を可愛がりました。オシホミミを大そう可愛がっていただき、良き兄弟関係を保ってくださったのはこの方です。

クマノクスヒ様は、ちょっと憶病な静かな御子様でした。お母様のアヤコ様がきっちりお育てになったからと、もっぱらの宮中の噂にたがいはなく、モチコ・ハヤコ様の面倒をみたい、と名乗りを上げてくださるようなお方でした。残念なことにモチコ・ハヤコ様には私たちの気持ちは伝わりませんでしたが、アメノホヒ様をお育てすることのお手伝いは一緒にしてくださいました。

あの当時は宮中に子供が溢れておりました。どの御子も、大切な尊き血のお方々でございました。どの御子も皆、大切にお育ていたしました。クマノクスヒ様で思い出すことがあります。この子は静かな御子でしたが、武術には長《た》けておいででした。兄君たちと棒を振り回して遊んでいましても、身のこなしが速く、負け知らず、という陰の名前がつきましたほどです。

［2015年2月18日］

＊1　アマツヒコネノミコト　三重県桑名市多度町多度の多度大社《たど》祭神。橿原市の高市御県《たけちのみあがた》神社《じんじゃ》は高市県主に任ぜられたアマツヒコネノミコトの後裔が、自らの祖神を祀った、とされる。

＊2　クマノクスヒノミコト　和歌山県熊野大社のクスヒノミコトが熊野神（イザナミ様）を祀ることからクマノクスヒと呼ばれる。祭神夫須美《ふすみ》神がクマノクスヒノミコトと思われる。

＊3　イキツヒコネノミコト　滋賀県彦根市の彦根の地名の由来とされる。滋賀県近江八幡市安土町下豊浦《しもといら》には活津彦根《いくつひこね》神社が鎮座する。

第6章　メ（女）の道＝平和の道

天穂日命の出雲交渉

Q　オオナムチ様の奢《おご》りを糺《ただ》すために、出雲へ派遣された天穂日命様＝タナキネ様は、ホツマでは、出雲の「国神にへつらい媚《こ》びて三年《みとせ》まで返事《かえごと》あらで、大背飯《おおせいい》御熊野《みくまの》遣《や》れど父がまま、帰らねば」とありますが、私は、タナキネ様とその御子息、ミクマノミコト様は、オオナムチ様の勢力によって自由を奪われ、軟禁されたのではないか、と推測しています。真相をご存じでしたら、お伝えください。

瀬織津姫　オオナムチ様の勢力は我らが考えも及ばぬほどの広がりを見せておりました。婚姻という形で、地方を治めるというやり方ですので、各地に点が出来、(種を植え）繁栄していくというお考えであったようです。力のない豪族たちは、オオナムチ様の庇護のもとに入ることを好んだようです。タナキネ様は、その陣地の中深くまで入りすぎたのです。周りの人々は戦う力を削ぐ人々でした。誰も戦おうとしなかったのです。その内、情にほだされてしまった、と言うほうが正しいのだと思います。情にほだされ、骨抜きにされたのです。

その間に宮内で批判が起こります。血の気の多い、戦うことの好きなお方々が領土の問題をあげ、武勲を上げようとしたのが真相です。こちらが正しいと言うためには、相手を悪者にするのが順当手段です。自分が戦おうとしている者たちから見れば、剣を持って立ち向かってくるように仕掛けることで勝ち負けが決まり、正当性が出来上がるのです。男が多くなりますとこのようなことが起こる。これも正直、我らの、オオン神の御心には背くものだと思います。しかし男道を貫きますと、これを統一、ということになるのでしょう。

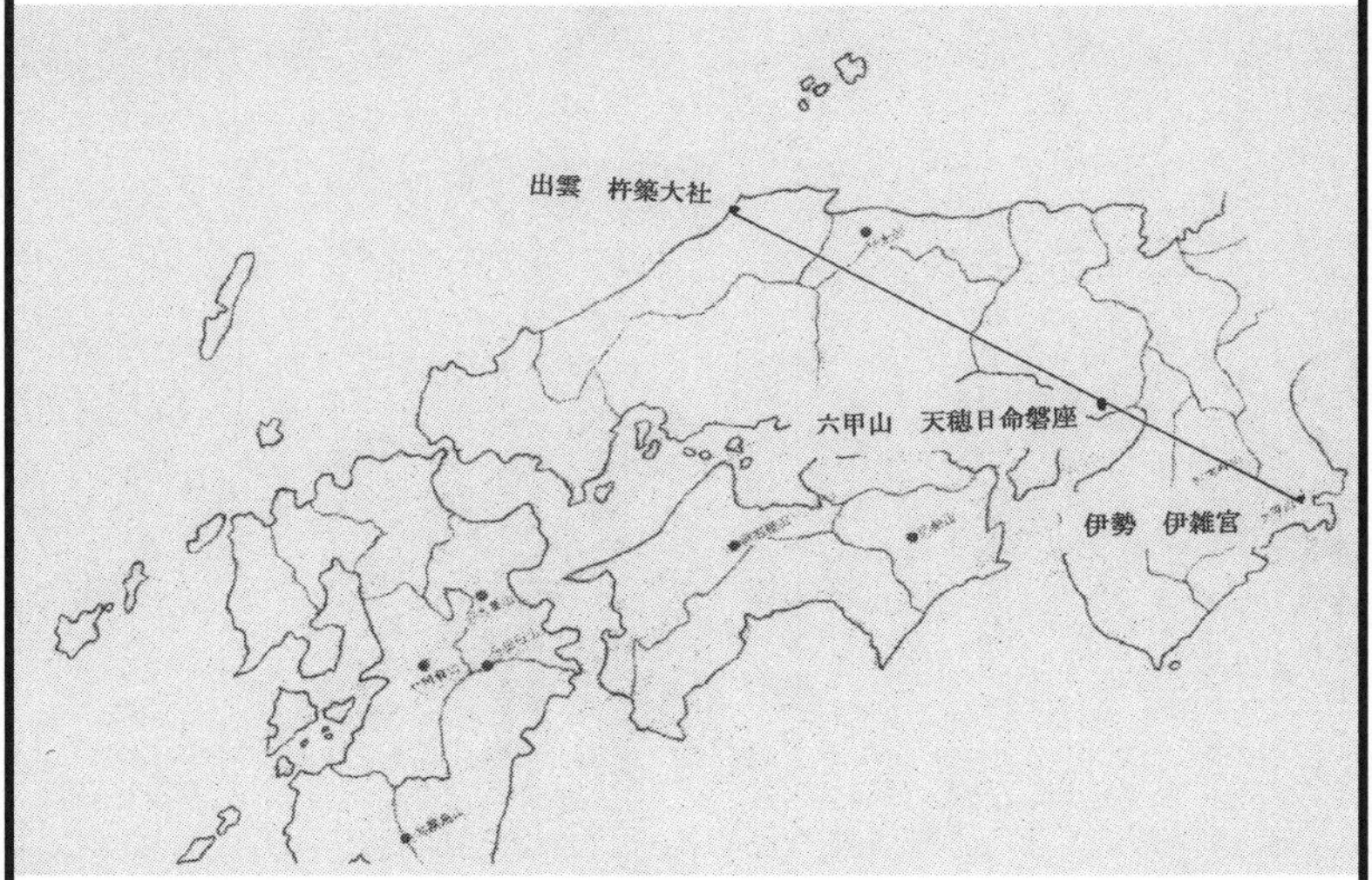

出雲と伊勢を結ぶ天穂日命

この国を女道で統一していきたい、という申し出は、シタテル様をはじめ、我ら女からの思いでした。女が平和に統治する世を、時間がかかっても目指します、ということです。この話はタケコ姫にも通しております。

イザナギ様イザナミ様の黄泉の国の話の中に日に100人の人を殺せば、私は日に100人の人を産みましょう、という尊い言葉がございますが、あれも、男が戦いで100人死ねば、女は100人の人間を産もう、ということなのです。所詮女のたわごとと思われたのかもしれませんが、我々女の強さはそこにこそございます。

［2015年1月4日］

ヲゴコロ　男心

Q　またアマテル様はノコシノリで「我はトヨケと背《をせ》を守《も》る」とおっしゃって、マナイで神上がられます。イセのミチのもう一方の背＝男性の心とは、どのような心構えであるべきなのでしょうか。

瀬織津姫　私は男ではありませんので、ご質問にうまく答えられるかはわかりません。女は臨機応変に変化してよろしいのですが、男は自分が決めた道は貫かねばなりません。たとえそれが、女から見たら、何故に其処まで、我を張りとおすのですか？　というようなことでもです。

オオン神にとって、トヨケ様は絶対でございます。トノヲシテも絶対なのでございます。オオン神が全ての男性の見本であり、目標なのです。そのようにトヨケ様から幼い時より訓練されたのでございましょう。それに比べて奔放なソサノヲ様とて、人生の中で苦労することによって、長となるべき態度やモノの見方を御体験されたことは、流石《さすが》にシモテルヒメ様がお育てになった皇子であると思います。ともかく我々は、クニトコタチの御血筋を継承し、クニトコタチの叡智を皆に正しく伝えていくことを生涯の目標として背の道を貫かねばなりません。

［2014年12月31日］

女の心の複雑さ

Q　モチコ様・ハヤコ様の事件だけではありませんが、メ（女）の執念には恐ろしいものがある、と思います。アマテル様がご遺言でセオリツヒメ様に、「ヒロタでワカ姫様とともに、ヰゴコロ（女性の心）を守りなさい」とお命じになった、のは、メ（女性）の心が、ともすれば恐ろしい執念になることがあり、そうならないように、という意図もあったのでしょうか？

瀬織津姫　当然そのようなことも含まれると思います。
モチコ・ハヤコ様のことは有名な話になりましたが、女の世界は、男の方が理解できないものでございます。オオン神も、私を含め女の扱いには、ほとほと手を焼かれましたのでしょう。

［2014年12月31日］

生と死　牟妻《むろ》を暴くべからず

Q　先に、セオリツヒメ様のおっしゃった、イザナギ様とイザナミ様のお言葉が、ちょうど逆になっているように思えます。確かに、戦で多くの人を殺すのは男性であり、新たな生命を産みだすのは女性ですから、これは、ホツマでは意図して逆転して書かれたもの、と解釈してよろしいでしょうか。

瀬織津姫　これはイザナミ様の、「牟妻《むろ》を暴いてはならない。恐ろしいことが起こる」ことに掛けたのです。生きた者は人を生み育てることができる。死した者は恨みの念によって、人に死を与えることもできる、という比喩に使おうとしたのです。本当の話は前にも言いましたように、男も女も人の生死に深く関わっています。女が居なくては子を産み育てることはできない。男が、弱い女を守ることで人々の繁栄はある。しかし一度、男が戦いを始めると、国を滅ぼすことに繋がるのだ、ということです。

ワカヒメ様の復活の本[*1]にも

めのくには　みなしよなしの

くになれば

なおうたいませ　いもせよとする

という御歌がございました。

誠にそのとおりでございます。最終的に勝つのは、戦いではなく、未来を創る子供たちなのです。そしてその教育こそ、我々がしなくてはならない女道なのです。

ホツマツタエも勝者の為に残されたものです。しかし、歴史書としてみていただけますと、綿々と続く人が守り通した血の歴史なのでございます。

イザナミ様とイザナギ様の仲の睦まじさはどなたもよくご存じでした。死というものをこんな形で世に知らしめようとしたのです。生きている者が死んでしまった者に情を通わしてはならないことと、死を受け入れねばならないことを、このような形で書いたと思います。墓を暴く者たちから墳墓を守る、ということもありました。

［2015年1月5日］

＊1　ワカヒメ様の復活の本＝『隠された言霊の神　ワカヒメさまの「超」復活！』アマノコトネ、SUMIKO!、宮﨑貞行著　ヒカルランド　2014年刊

ワカ姫が説くメ（女）の道

アマノコトネ　シモテル（ワカ姫）様からの読み取りにて。

ワカ姫　……昨晩のように私の死出の様子を語られると、私から語っておこうと思うことがあります。男の道は、トヨケ様やアマテルキミがなさったように、最後の姿はたとえ臣でも見ることはできません。また、臣の殉死は許されません。皇后はたとえどんなに素晴らしい方であろうと、メ（女）の道を通さねばならないのです（別々の御陵となります）。男と女とは本来違った生き物と考えられました。特に皇室の決まりでございます。死してもこの地球に留まり、民の平安を祈らなければなりません。それ故の公務があり、天皇は

祭式があるのです。祭式は、全て自らがこの地球を守る神となる為の自らの修行であります。また人間性の確固たる自立を、男の道もメ（女）の道も自らが示さねばなりません。徳を積むことも、皇后には課せられます。私は二神のたった一人の娘でございましたので、このメ（女）の道の手本を示す必要がありました。イザナミ様のように、和歌事（和歌を組んで結界を作りお祭りするのは、亡くなってからのことでございます）、物忌みという作業は周りの者がいたします。私は、生きているころから体外に出ることは頻繁でしたので、死ぬことはどんなことだかよく知っておりました。脱ぎ捨てた身体は、傍にいる人々に託し、離れることはありがたいことでした。女の死は華やかでよろしいのです。私はこの身体は借り物で、すぐに離れることができました、ただただ天界のお迎えが来てくれましたので、楽にこの世を離れることができました。天界の方々をお迎えするための琴の演奏を、私の傍で習い覚えた女官たちがしてくれました。天を迎えつなぐ音の完成が、私の音の世界の完成ということです。

［2015年1月17日］

ハヤアキツヒメ

Q 祓戸の神として、ともに名を連ねるカナサキ様の御子神であるハヤアキツヒメ様とは、セオリツヒメ様は親しくしていらっしゃったように感じております。メ（女）の道の同志であることもお聞きしております。ハヤアキツヒメ様との思い出や、どのような方かをお伝えいただければ、と思います。

瀬織津姫 この方は裏表のない可愛い方でございます。海のことはたいへんよくご存じです、シタテル姫が妹の様に可愛がられておりました。それは、ご自分の大切な身内としてもそうであったと思います。

この国の交通や運搬を一手に引き受けられているカナサキ様の姫様ですから、鷹揚《おうよう》で知性があり申し分のない后です。利発な皇子も生まれ、私もオオン神もこれ以上の可愛がりようはないくらいでした。利口な姫は、最初から日嗣の皇子の親衛隊になるべく、臣としてお育てになっておられました。何事にも私を頼ってくださり、二人で過ごす時も話題に事欠きませんし、安心して何でもお話しできる方でございます。

［2014年12月26日］

木花咲耶姫・速秋津姫のお役目

Q ヒロタ・六甲山でメ（女）の心をお守りするセオリツヒメ様、ワカ姫様、シラヤマ姫様。

ホツマや古事記・日本書紀に多くの神々がご登場され、それぞれお持ちのご神格、お役目の違い等々あると思います。

コノハナサクヤヒメ様、ハヤアキツヒメ様は、また別のお役目をなされていらっしゃるのでしょうか。

瀬織津姫 はい、高天原に集います、全ての神々はそれぞれに神格を持ち、お役目を全うすべく御働きでございます。たとえ龍神であれ、祟り神であれ、人神であれ、民草が皆で神社という御祭り場所を作り、祀られれば、それなりの御働きをせねばなりません。この国はそのような定めを持つところなのです。

コノハナサクヤ姫は私の血の濃い者として、山住のお役目がございます。また富士の火伏の役も仰せつかっております。草草の願いに答える為、祀られております神社においての願い事等の処理もいたしております。

ハヤアキツ姫は私やシラヤマ様が神上がりいたしましてから宮中の総監督をなさりました。しかし、後は単独に召喚されることは少なく、住吉様の御両親の神祭りの脇役を務められております。派手な御働きはございませんが、住吉に参られます草草に根気よく接しておられます。

［2015年2月3日］

白山　ココリ姫

Q　キクキリヒメ様（ココリ姫・シラヤマ姫）とは、セオリツヒメ様は幾度かお会いになられたのでしょうか。またお会いされているのでしたら、どのような場面でお会いされたのでしょうか。

瀬織津姫　ココリヒメ様はオオン神のおば様でもあり、ご自身の二人のヒメ[*1]を后に上げておいでのお方です。あのトヨケ様の眼鏡にかない、タカミムスビ家の奥方[*2]でもいらっしゃいます。宮内でもたいへんな実力者です。イザナミ様が臥されることが多くなりましてからは、宮中の行儀・立ち居振る舞いの監督をしていただきました。常にトヨケ様とともにある実力者です。自分の娘の入内に関しても、控えることの美徳を良し、とされました。よく「事のながれでお仕え申し上げることになりましたが、我らは血筋から巫女でありますので、あしからず」とおっしゃっておりました。尊敬できる方でございます。モチコ・ハヤコ様の事件の時、一番動かれましたのもこの方でした。

［2014年12月26日］

＊1　二人のヒメ　シラヤマ姫とヤソキネの娘、オオミヤヒメミチコとタナハタヒメコタヱ。

＊2　タカミムスビ家の奥方　白山姫は、豊受大神の御子であるヤソキネの妃。ヤソキネは6代目タカミムスビの役職を担う。ヤソキネの兄弟姉妹がイザナミ、カンサヒ、ツハモノヌシで、

ヤソキネの御子はタカキネ、スクナヒコナ、そして天照大神十二后のオオミヤヒメミチコ、タナハタヒメコタヱである。天照大神の十二后を選定された。シラヒト・コクミの事件の後は、根の国の国守となる。

石の宝殿　白山姫はメ（女）の道の同志

Q　六甲山神社＝石の宝殿[*1]に、中世のころからではないかと思いますが、キクリヒメ様も祀られるようになったのは、モチコ様・ハヤコ様への宇佐への蟄居命令の件で、キクリヒメ様をもかばわれたセオリツヒメ様をキクリヒメ様がお守りする御意志によるものではないかと思います。石の宝殿は、さまざまな伝説が残っていますが、そこは、セオリツヒメ様の身の回りの数々のお品を埋設された場所ではないかと、勝手に想像をたくましくしております。

実際はどうなのでしょう。

瀬織津姫　キクキリ姫様も、シモテルヒメ様と同じくメ（女）の道の同志でございます故、ありがたいことでございます。日本には、かつてアマノコトネのように、我らの声を聴いてくれる人間がおりました。その者たちが、このような祭礼をなさったのです。魂になりますれば、何処になりと行けますので、ありがたきことでございます。

石の宝殿と呼ばれておりますが、この石の配置による暦の読み解き、という宝が隠されております。私の周りの品物といいましても、私を忍ぶよすがとして、形見として分けましたので、この石の下にはございません。もっともっと大切なものを埋めたようですよ。

［2015年1月15日］

＊1　石の宝殿　正式名称は六甲山《むこやま》神社。古くから六甲山大権現を祀る。後の世に、白山菊理姫を併せ祀る。六甲比命神社から、夏至の日の出方向に位置する。このあたりが、芦屋川、住吉川、仁川、船坂川の分水嶺となっており、雨乞い祈願が古くから行われている。

西王母＝ウケステメ

Q　（今の中国にあったとされる）カの国のウケステメ様[*1]は、白山姫様と親しくされ、ニニキネ様ともお会いされているようですが、ウケステメ様についてご存じのことがございましたら、お知らせください。

瀬織津姫　ウケステメ様は、シラヤマ姫様と姉妹の契りを、トヨウケ様を介してなさったと聞いておりますが、御歳は離れておられるはずです。しかし、この方のお若いことといいますと、どのようにしたならばあのようにいられるのかと、宮中でも話題になったほどです。ウケステメ様はカの一族である証のお品を持参されて、この国にお戻りになりました。尊き血の御一族に間違いはありません。カの国のまだ発展のない時であり、過ごしにくい国である、と伺いました。「川はよく氾濫した」と言われました。「日本のような、緑豊かな自然が羨ましい」とも言われ、砂漠の話や、日本との比較話も伺いました。ウケステメ様がシラヤマ様とお話しになるとき、私は必ずお邪魔させていただき、お話を伺いました。通訳をシラヤマ様がなされました。本当にシラヤマ様は頭の良い方でございます。

［2015年2月23日］

＊1　ウケステメ　西王母。中国に古く信仰された女仙。姓は楊、名は回。周の穆《ぼく》王が西に巡狩して崑崙《こんろん》に遊び、西王母に会い、帰るのを忘れたという。また、漢の武帝が長生を願っていた際、西王母は天上から降り、仙桃七顆を与えたという。（『広辞苑』より）

ヒロタは女の国

Q　セオリツヒメ様は、神上がりの直前に初めて、ヒロタ・ムカツ峰（六甲山）にお越しになられたのでしょうか。

それとも、ある一定の期間、このヒロタの地を治めていらっしゃったのでしょうか。

瀬織津姫　私は決めておりました、花々に囲まれた天に近い場所で、オオン神の元へ参ろ

廣田神社

うと決めておりました。オオン神のトヨケノリの場所は、みまかる前から知恵者に教えてもらいました。その場所にヒル（テレポーテーション）[*1]できました。シタテル姫様にも確認いたしました。私はオオン神様がトヨケノリなされました後も、各地の巡幸に勤めました。それも勅命でございますので、従いました。ヒロタの地は昔から住吉様の御料地でございますので、何時参りましても心地よく迎えられました。この地は守りの地でございますので、我ら女の国でございます。巡幸の際に見ました磐座を参考に、磐座に使います石を探し、心のままに指示し、作る楽しさもありました。しかしこの地を私が治めたことはございません。

［２０１５年2月2日］

＊1　ヒル＝テレポーテーション

Q　一昨日、2月8日の東京での『ワカ姫さまの「超」復活！』の出版記念の催しは、巫女様が転生された方々が多く集まっていらっしゃったのではないかと回想しております。十二単姿のわせなつみさんがワカ姫様のお姿であるかのように想像していました。

それではお伺いいたします。

「ヒル」という言葉が瞬間移動（テレポーテーション）であることをお聞かせいただきました。

丹後マナヰでは、羽衣天女の話が風土記などに伝わっています。中国の神仙思想に基づく作り話ではないかと思っておりましたが、もしや、セオリツヒメ様のお姿を目にしたいにしえの人々が、羽衣天女としたものではないかと思うようになりました。

六甲、ムカツヒメ様の祠の兎の頭もトヨケ様とアマテル様の丹後マナヰの方角を向いていらっしゃるようです。まさにアマテル様の皇后としての象徴的な形象と方角だと思います。セオリツヒメ様が「オオン神様がトヨケノリなされました後も、各地の巡幸に勤めました」とおっしゃられましたが、ご神霊として神上がりの後には自由にヒルをなされているのですね。またワカ姫様がヒルコ様というお名前であるのは、生来、ヒル＝テレポーテーションのお力をお持ちであったということなのでしょうか。

瀬織津姫　確かにワカ姫様のみがヒル＝テレポテーションできる方でございました。私が

「オオン神がトヨケノリされましてから後も、各地の巡幸に勤めました」と申しましたのは、私とシタテル姫様、シラヤマ様はメ（女）の道を誓い、霊となりましてもともにこの国のあちこちに姿を現しましたことでございます。その能力を生まれながらにお持ちのシタテル様は、何の苦もなくおできになります。私はともについて参ったと言うのが正しいと思います。

［2015年2月10日］

磐座に心を託す

Q　神々の存在と、神々に守られていることへの感謝の気持ちを忘れてしまった人々に、大いに知らしめなくてはならないことをお伝えくださいまして、ありがとうございます。それではお伺いいたします。

伊勢神宮での20年ごとの遷宮制度は、持統天皇・藤原不比等の時代より始まった、と言われています。これは御神意にかなったものでしょうか（出雲大社や福知山市大江町元伊勢の神社では60年ごとのご造替で、全面建て替えではなく、部分修理です。20年に一度、神殿を全て造り直す事業は、大変な労力のかかるもので、また用材に用いるヒノキも鎌倉時代には周辺からは調達できなくなったようです。伊勢神宮の経済的困窮とも相まって室町時代には100年近く遷宮が中断されることもあったようです。遷宮制度以前は、二つの神殿が、常に並んでいたものと推測しております)。

瀬織津姫　何を私に質問しておられますか？　神意を問われるなら、私は関与しておりません。ただし天照大君のスメラミコトに対してのお言葉には「良きように、人臣に迷惑がかからねば」というものはございました。神社の建築に関しては、後の世の者が成しましたこと。我らは、磐座に我が心を託しました。

［2015年1月18日］

第７章　トノヲシテとは

真の教育・トノヲシテの普及を

Q　アマテル様も特にハタレの乱の時のご発言・ご姿勢などではっきりわかることですが、殺し合いとなる戦い、武力による問題解決の方法は極力避けるようにご尽力されました。やはり教育が重要と思われます。いかがでしょうか。

瀬織津姫　今という時を見ますと我らの生きた世と違うことをよく感じます、しかし、何も知らされていない現代人は不幸だと思います。どう考えても学校教育では、一番大切なことは何も学べておらず、平和の尊さも殺戮《さつりく》のむなしさも教えられてはおりません。我らの時代、国民の人数も、土地の広さも今とは段違いでした。しかし心の豊かさは今以上であったと思います。トノヲシテという素晴らしい教えが存在するのです。このヲシテを口にすることによって、人々がそのことに触れ、変わっていかなければならない時代が来ているのです。何が良いことで何が悪いことか、何をして良く、何をしてはいけないのかを皆に伝えているはずなのです。

神社に来る人が感謝の言葉を発していると喜ばしい気持ちになります。我欲に憑りつかれていても、努力しての欲なら聞く気もします。ただただ何もせずに、神頼みやタナボタ的なことを平気で言う人は、本当は損しているのですよ。神の前に立つことは鏡で全てを映しているのですから……。

［2015年1月22日］

トノヲシテ

Q ホツマにふんだんに記されているトノヲシテに関することは、古事記、日本書紀ではことごとく完全削除されてしまっています。

聖徳太子の全85条にも及ぶ十七条五憲法[*1]も、トノヲシテと同じ思想に基づいていると私は考えておりますが、これも、長らく隠されています。ほぼ99パーセント近い日本人には、ホツマのトノヲシテ、十七条五憲法の存在を知らされていません。トノヲシテについてお教えください。

瀬織津姫　よくぞそこを、お尋ねくださいました。我らの文字は力があり、我らの言葉は力があります。この言葉を自由に操れるのは尊き血の方々なのです。クニトコタチ様から伝わりました一番大事なことは、この文字と音（この文字に秘められました音）でございます。時が過ぎまして多くのことが消されてしまいました。忘れられたものと、その真の意味を教えられずに伏されてしまったものとございます。この真の意味を知り、トヨケ様から伝承されましたのが、オオン神とシタテル姫でございます。トヨケ様は全てに特化したお方でございましたが、その全てをお教えになられたわけではございません、それぞれの皇子に特殊教育をなさり、一人一人の才能を見抜き、特化させられたのでございます。

我らの皇子たちは、残念ながらその才能を開花することができませんでした、それほどに難しいものでございました。たとえオモイガネ様でも、シタテル姫様のお力を自分のものにはできませんし、オオン神のお側の私でさえも、形ばかりのことはできましてもその域に達することはできませんでした。あのお二人は本当に特殊な方々なのです。故に神でありでます。勿論このお二人を教育なされたお方も更に神なのです。

聖徳太子もたいへんな研究家でございます。尊き血の方でございます。しかしその方でさえも、このヲシテ文字の解読は容易ではありませんでした。ただ聖徳太子はこの国に素晴らしい、律令制を敷こうとされたのです。これは台頭する力《か》の国（中国）との交渉事として必要でした。

この考えは、聖徳太子の母方の血である秦氏の景教とも繋がっております、当時景教の影響を受けた寺院の建立は、神社として祀られております我らの神教にかぶさるように広がりました。この為、聖徳太子様の御一派を全て亡き者にしようとした勢力に根絶やしにされてしまったのです。我らはトノヲシテの復興の為に動きます。それはこの国を守ることでございます。

どうぞ貴方がたのお力をフルに生かされてこの大事業を貴方がたのものになさってください。我らも力添えをいたします。

［2015年1月23日］

＊1　十七条五憲法　ホツマ同様、アカデミズムでは偽書扱いされる先代旧事本紀大成経に掲載される。一般に知られる十七条憲法のもととなるもの。十七条五憲法は、一般向けの通蒙憲法と、神職、僧侶、儒者、政治家に向けた計5種類の十七条憲法で、全85条に及ぶ。そこでは三法を敬うべきことが記されているが、この三法とは神道・儒教・仏教のことを示す。

男の道・メ（女）の道のバランス

Q　1月4日に「この国を女道で統一していきたい、という申し出はシタテル様をはじめ我ら女からの思いでした。女が平和に統治する世を時間がかかっても目指しますという事です。この話はタケコ姫にも通しております」と、お答えをいただきました。（「天穂日命の出雲交渉の項」）

女性のほうが世の中を平和に統治することができる可能性が高い、ということが、現代科学でも言われております。アマテル様とセオリツヒメ様の時代は、アマテル様が地方へ行幸中は、セオリツヒメ様・シラヤマヒメ様・ワカヒメ様がアマテル様の名代《みょうだい》のお役割をなされていらしたようです。ほぼ男性と女性が対等な関係であり、しかも、アマテル様はメ（女）の心・平和の尊さを強調されていました。

セオリツヒメ様がおっしゃった「女が平和に統治する世」についてもう少しお聞かせくだささい。また、女道を守る同志であるタケコヒメ様（宗像三女神）のこともお伝えくださ い。

瀬織津姫　それではお答えいたします。

男と女と全く違う特性を兼ね備えた、バランスというものをお考えになってください。何故にこの地球の生き物にはオスとメスがいるのか、そこが抜けていては国が滅びます。女が全てを掌握するということは、女の性格上難しいでしょう。また女は好きな男の言うなりになりたいという、古くから持つ願望のようなものがあります。また、自分の好きなように動く男を欲するのも女でありましょう。女は男を支えます。しかしその男たちが間違った方向に進まぬよう、しっかりした意志を持って行動すべきなのです。女の意識統一さえできれば、この国を間違った方向に進めることはないのです。女の弱さはその肉体に表れております。女は子を産むことにより力を得ます。我々の時代はそうでした。オオン神にお仕えした后は皆個性派ぞろいでしたが、それぞれがプライドを持ち、決して揺るがぬ団結心を持ち、オオン神をお支えしました。

誰でもが、女道を通したわけではございません。そこを御間違いないように願います。女でも真に国を思い、間違いない統治を行える者はそれほどいないのです。お題目のように「女の時代」などと言われては困ります。

特に現代を見ますと、頭が良いのは、公的な学びを優秀な成績で通った者のように考えている風潮が見受けられます。物事を深く考え、この国の将来を担うしっかりした子供を育て、その子供が深い思慮分別を持つことこそ、女道を全うした生き方だと思うのです。今の女性の中で、バランスの良いまともな考え方ができている者がどれほどいるのでしょうか、これこそしっかりした教育であり、母（女）の考え方の反映なのです。

タケコ様はたいへんに聡明な方でございました。ご姉妹の中でも物事をよく理解なさいました。我ら女道の同盟を結びます折りも、この御方なら全てを見る目をお持ちで信頼できる、と皆が一致いたしました。他の御姉妹の性格もよくわかり、抑える所は抑えてくださいました。

［２０１５年3月17日］

草薙《くさなぎ》の剣《つるぎ》の真意

Q　2月22日、関西ホツマの集いの学習報告がありました。その中で草薙の剣のいわれについてお話が出ました。

発表者の小池正人様は　長年にわたってワカ姫様のご研究をされている方で、クサナギの剣のクサ、とは戦《いくさ》のことで、それを凪《な》ぐ（鎮める）、和ませる、という意味ではないか、という説を披露されました。つまり、武、というものを戒める、最小限の使用に止《とど》める、ということではないか、ということです。ナギ、は私も、そのとおりではないかと思いました。私は、クサとは青人草のことで、人々を意味し、人々の戦意を凪いで、互いに傷つけることなく和していく、という意味合いが強いのではないか、と思いました。
トノヲシテ、メ（女）の心、アマテル様のお考えは、物理的な戦闘を大いに戒めておられることが共通しています。そのお考えから、クサナギノツルギという名前が付けられたのではないかと思いますが、いかがなものでしょうか。

瀬織津姫　三種の神器の刀の意味合いも、随分と違うものに考えられておりますね。オモタル・カシコネ様の時期に、この刀の使い方を間違えた為に、この国から男の姿が見えないようになってしまいました。これをいさめる為の物ザネとして刀を加えたのです。しかしハタレの乱を経験し、なるべく刀は使わぬようにいたしましたが、やはり使わねばならない時もありました。この刀にはいろいろの人の思いが重なっております。
草薙の剣という名の一つの意味は、世の平定を願うオオン神のお気持ちを表す意味合い。これはほぼ小池様の言われるのが正しいでしょう。もう一つは、ソサノヲ様との御兄弟の契りがございます。

［2015年2月23日］

神武東征

Q 時代が下って、その男の道とメ（女）の道のバランスが取れていないと思われる段階に次第になっていったのではないか、と思います。

タケヒト様（神武天皇）の時代に、ナガスネヒコ様がよつぎふみ（世継ぎ文）を許可なく盗み読みをしたことがきっかけとなって、ニギハヤヒ様が統治されていたナカクニ＝大和へ、タケヒト様が向かわれ、一戦を交えることになりました。これは古事記・日本書紀にもホツマにも記され、若干の違いはあるものの、戦いがあったことは事実のようです。

今までお聞きしているセオリツヒメ様のお話からすれば、この戦も、おごころ（男心）の行き過ぎがあったのではないか、と思えてくるようになりました。もっと平和的な手段による終結法もあったのではないかと思います。もちろん、刃向かってくる者への対処はやむを得ないこともあると思いますが、やはりどちらも天神の直系の子孫にあたられるわけですから、武器による戦いは避けたほうがよかったのではないかと思います。いかがでしょうか。

また、この戦でニギハヤヒ様は、政権をタケヒト様に移譲されるのですが、現在、ニギハヤヒ様への判官《はんがん》びいきといってもよい風潮があります（「ニギハヤヒ復権」を唱える人も少なからずおり、英雄視されています）。タケヒト様の東征、及びニギハヤヒ様に関しての、ホツマの記述はそのまま受け入れてもよろしいのでしょうか。

瀬織津姫　私はこのご質問の趣旨がわかりかねております。ここに書かれておりますように、我らの時代より下りました時代には口伝で残されたものも含め、多くの資料がございましたでしょう。しかし神武以降は、勝者が歴史を作るという風潮が当たり前であったと言えます。国譲りのように、これでもスムーズに行ったのではないでしょうか。

アマテル君のお授け物を持つ者同士がなぜ戦わなければならなかったのか？　我らの世のことではありませんから、何と言われても仕方がありませんが、誰も仲立ちに入る者がいなかったのでしょうか？　戦って相手を制圧し、自分の国の領土を広めることが当たり前となったこの時代の戦の終止符が、授けもの、ということに私は興味をそそられるように書かれたと思うのですが如何でしょうか？

［2015年3月26日］

ホツマツタヱの役割

Q ヲシテの文字の形・意味とその文字が本来持つ正しい発声方法を身につけることで、人が正しい心を保つことができる、ということなのでしょうか。

(偏狭な民族主義に陥ってはなりませんが) 乱れてきたとはいえ、それでもなお諸外国の民族と比べて、日本人が道徳的な民族である、というその根拠は、原則として全ての発音に5母音が含まれるという、他の言語には見られない特徴を有している日本語を使っているからだと思います。また、古代語=やまとことばでは、清音主体で、濁音・半濁音は極端に少なく、拗音《ようおん》が一切ないことも関係しているのでしょうか。

これが、聖書やコーラン、儒教の書のようなものがなくとも、さらに、ホツマの教えが消されてしまっても、日本人が道徳的な心を培って維持してこられた理由、といえるかもしれません。天皇陛下・皇后陛下をはじめ、皇室の方々がお使いになる、美しく優しく慈愛に満ちたお言葉を聞いていてもそう思います。

さらにトノヲシテとは、クニトコタチ様がお与えくださった正しい発音方法、発声方法ということなのでしょうか。

瀬織津姫　まずホツマツタヱは、何のために残されたかと申しますと、我らの尊き血の方々の残されたお言葉を記録し、後世まで伝えようとしたからでございました。ミカサフミ[*1]は、ホツマツタヱを良い教書としてより詳しく書かれたものでございます。フトマニは、占いの元のように見えますが、本来、モトモトアケの存在が天からのお言葉を降ろすことのできる金色の棒のことでした。これが、タの一族に伝わるクニトコタチ様からの宝物でした。これを民草にもわかる尊き占いにしようと、オオン神もシタテル姫様も御苦労なさったのです。民草の所までは広がりませんでしたが、宮中のことに関しての占いは、的確に当たり、力を発揮いたしました。

トノヲシテとは発音方法や、発声方法とは違います。48元素を示すそれぞれのヲシテ文字と、その音だまこそがクニトコタチ様の宝物でございます。それはモトアケが示しますものでございます。

ヲシテ文字

トノヲシテは、人がどう生きるのが天の摂理と合っているか、天の摂理とともにあることが、人としてこの地球で生きる上において正しい生き方なのだ、ということを教えてくださっております。

文字には一つ一つ意味があります。「う」と言えば誰でもが火を連想いたします。「あ」と言えば天＝空でしょうか、初めは全てトヨケ神のコモリウタでございました。48音を知るだけで、遠い地に居ります、言葉の違う者たちの意思統一ができるのです。

公用語を作り、アマテル君のお言葉を残さなければならなかったのです。

また一字一字が神であり、これの一文字一文字を発することによって、自らもエネルギーを得て健康に生きていくことができる古代人の智恵でありました。一つの文字から多くを学ばなくてはなりません。そのことが我らの頭を鍛えました。またそれによって感性が磨かれました。それの連なりが和歌となりました。我らは五七で話をするようになり、その言葉の連なりから更に力を得ました。おおせのとおり、濁音はあまり使いません。48音に濁音はないのです。また濁音は美しくない音です。

［２０１５年1月23日］

＊1　ミカサフミ　アメノコヤネの家系である鏡の臣（左大臣）に伝わる文書を10代目後裔オオカシマが執筆したもので、ホツマとはワリウルリ（割瓜）と言われるくらい類似した内容も記されている。

トホカミヱヒタメ八神

Q　トホカミヱヒタメのあもとかみ（天元神）のうち、トノカミ、ヱノカミは日本国内、富士山周辺と琵琶湖＝近江周辺でご活躍されたことがホツマに記されています。そしてクニトコタチ様のタノカミも日本でご活躍になったと認識してよろしいのでしょうか。セオリツヒメ様のお答えの中で、「タの一族に伝わるクニトコタチ様からの宝物」というお言葉がございましたので、お聞きいたしました。

瀬織津姫　それぞれのアモト神様方のことはトヨケ様から伺っております。それぞれに大きな御使命を持って我が国から飛び立たれ、一年に一度は琵琶湖の周辺に戻っておいでになりました、シタテル様はこちらのお仕事を取り仕切る重要なお役目がございました。タノクニサッチ[*1]は豊受様に連なる方々です。

［2015年2月6日］

＊1　クニサッチ　クニサヅチ。
ミナカヌシから始まる二十世に続き、八方の地（トホカミヱヒタメの各国）を治める世嗣の君で、クニトコタチの第二世代に当る。各々五人の御子を生む。五人の内の一人が世嗣御子で、これがトヨクンヌ。（駒形一登氏「ほつまつたゑ　解読ガイド」より）

タミメ

Q　タミメ（手見）という、手の造形で、四十九神を示し、それを平面に押して記したものが、ヲシテ文字、と言われています。これを逆に見れば、神のお姿である、一文字一文字の立体の文字（お姿）があり、それを人の手で表現もでき、立体のお姿を二次元の平面図に記すこともなされた、ということなのでしょうか。

瀬織津姫　神代の手ふりのことですね、クニトコタチ様から続く手ふりです。確かにオオン神は、この四十八神を以て御業しておられました。我らの時代には、音が先なのか字が先なのか、という論争はもうありませんでした。物には既に名前があり、人々は言語で話をしておりました。ヲシテ文字は肝心なところをして、私たちもわかるようなまとまりのあるきれいな形が造られておりました。

［2015年2月24日］

モトモトアケと心御柱

Q　フトマニに関わる「モトモトアケの存在が天からのお言葉を降ろすことのできる金色の棒」のことをお聞きしました。伊勢神宮の心御柱《しんのみはしら》はこのことと関わるものと考えてよろしいでしょうか。

瀬織津姫　モトモトアケと心御柱の意味合いは似て非なるものでございます。モトモトアケは形を変え、フトマニとなりました。これはタの一族の方しか扱うことはかないません。心御柱はモトモトアケを象徴するものですが、アモトとチダマを繋ぐものでございます。この意味合いがわかった者が御業に励んでおりました。

［2015年2月8日］

幻のミカサフミ

Q　トノヲシテのホツマをより詳しく解説したミカサフミは今のところ、一部だけが発見されている状態です。近い将来、ミカサフミはどこかの場所でいずれ発見される、あるいは、その内容を、どなたかが神様から受け取り、再び日の目を見ることとなるのでしょうか。

瀬織津姫　これらは不思議な書でございます。貴方がたの思いが濃いと出てまいります。姿を変えて出てまいります。皆様の意識の集結により出てくるものです。ただしこの書に関しては、書かれた当時のことや執筆者の能力のことを踏まえ、今回のように読み取りという形であったことを御含みおきください。何らかの意図を感じる部分もありますので、全てにおいて我らの納得するものではありません。しかし、後世の人々の良き判断材料になったことは確かです。

［２０１５年2月6日］

教育勅語

Q 関西ホツマの集いの清藤直樹様は、明治の教育勅語がトノヲシテのお考えが反映されたものではないか、と提言されています。私も、根本的なことのいくつかがここに記されていると思います。トノヲシテをさらに細かく、具体的に、子供たちにもわかるようにしていくことも大切と思います。

スズカ・スズクラの道の教えによる、欲を去り、捨てず・集めずの人生の心得《こころえ》や、ユキの道（輪廻転生）など、神霊的な側面も含めて説いていくことで、人は何を本当の目標とすべきか、という指針も示すことも必要だと思います。

残念ながら教育勅語は、多くの日本人が、「もし危急の事態が生じたら、正義心から勇気を持って公のために奉仕し」という文言から軍国主義教育思想、と思い込まされていることから、戦後はなかなか普及していません。まず、教育勅語がトノヲシテの思想の一部を反映したものと考えることは妥当でしょうか。

【参考　教育勅語現代語訳】

ホツマ研究家　清藤直樹氏の教育勅語口語訳

私が深く考えるところ、私たちのご先祖様は、太古の昔より、日本の国をお開きになり、人の行うべき道を国民と共に歩む、そのことに深いお志をお持ちでありました。わが国民は忠実《まめ》に良く働き、親によく仕え、みんなが心を一つにして、いつの時代にあってもその美しい行いを続けることができた、ということは、これ我がくにがらの清らかな花ともいうべきで、教え育てることの大切さ、その源がまさにここに示されていると思います。

あなた方皆さんは、両親を大切にしてよく仕え、兄弟姉妹は仲良く、夫婦は仲睦まじく、友達はお互いに信じ合い、相手を敬い、自分は慎ましくして広く思いやる心を大切にいたしなさい。学校でよく勉強し、卒業すれば仕事を習い、そうすることによって、自分の能力を高め、広く大きな心をもって、人の道に外れることなく、進んで世の人のために尽くし、自分の務めを果たしなさい。

常に国の憲法を重んじ、国の法律に従い、ひとたび国が一大事を迎えたときは、正義の心をふるいおこして、皆のために力を尽くしなさい。

以上のような行いを通して、天壌《あめつち》とともに窮《きわ》まり無いとする天皇をいただくこの国の先行き、ゆくすえを扶《たす》け支え、しっかりと守ってゆきなさい。

このように振る舞うということは、ただ単に私にとっての良い国民というだけでなく、あなた方それぞれのご先祖様が残し伝えた、その美しいならわしを称えていることになります。

この教えの道は、実に私たちのご先祖様が残された教えでありますから、共によく守らねばなりませんが、この教えはいつの時代にあっても通じるものであり、またどこの国の人々に対しても、人の道から外れることは決してありません。私はこの教えをあなた方国民とともにかたくかたく胸にとどめて守り、そこに咲くこの国の清らかな花々を皆と共によろこび称え合うことを強く願ってやみません。

明治二十三年十月三十日

瀬織津姫　教育勅語というものがトノヲシテの思想を反映させたものという事を聞いておられますね。

トノヲシテはオオン神や指導者たちの教育の根源を成すものですから、草民に降ろされたものではありません。

しかし、皇室においてその教えが脈々とこの時代まで受け継がれていることに興味とうれしさを覚えます。

［2015年2月5日］

トノヲシテを阻む国家意識

Q　私は、人が神の御意志に素直に従うことが前提である祭政一致が理想のあり方であると思います。トノヲシテは、国の上に立つ代表＝スメラミコト（やトミ）がモトモトアケの御教えを正しく受け止め、実践するための訓練・基本的姿勢をも意味するのでしょうか。それはアマテル様がトヨケ様のもとで学ばれた、国の指導者としての資質・基本姿勢やモトモトアケの御意志を受け止めるフトマニの占いの方法も含んでいる、と考えてよろしいでしょうか。

瀬織津姫　モトモトアケをトヨケ様から受け継がれたのはイザナミ様、オオン神とシタテル姫様のみでございます。またオオン神とシタテル様により、フトマニという誰にでもわかる和歌占いが付き完成いたしました。ある意味、ヲシテの文字の威力はシタテル姫様においてで実証されておりましたので、我々がその恩恵を授かったのがフトマニでございます。

我らの時代は祭政一致もよろしいのですが、今の世では如何でしょうか？　宇宙の音を捉える者が間違えたり、私利私欲に走ったりしてはならないのです。その為の御修業は歴代のスメラミコトがなされてきた御修業でありますはず。あくまでもトノヲシテを心得た者が、ありがたいお言葉を降ろし、臣下に伝え、それにおいて政治に生かすのが順当と心得ます。

オオン神は全ての力を結集して、この国の繁栄と再生を、トヨケ様より託されました。それがトヨケ様の理想の国家だったのです。時代が移りゆきますと、国と国との国家意識が、トノヲシテを阻んだのでございます。それを守る為、オオン神はトヨケ様と背を守る為、丹後の地に籠られました。それほど他国の脅威を感じておりました。また他国の甘言に乗る者もありました。これに対しましては断固として戦わなければならず、オオン神も苦労なさいました。そのための財力の蓄え方もトヨケ様より伝授されました。

［2015年2月7日］

トノヲシテを常に内在する女の心

Q アマテル様が神上がられる前は、神代の時代とされ、記紀においても、神武天皇以降の時代から人皇の時代へと移ったような記され方をしています。わたしは、ちょうどその時代あたりから、トノヲシテが、スメラミコトから次第に距離を持たされることになったのではないかと思います。

その後、崇神天皇《すじんてんのう》＝ミマキイリヒコの時代にも、八咫鏡《やたのかがみ》と八重垣《やえがき》剣《のつるぎ》を宮中の外で祀るようになった、という一大転換期がありました。トノヲシテが薄れていくもう一つの決定的な転換期は、やはり、ヤマトタケノミコトが亡くなられた直後、渡来勢力が押し寄せてきた時代と思いますが、セオリツヒメ様がおっしゃられましたように、国家意識が強まった時代が、トノヲシテの衰退期、と考えてよろしいでしょうか。

瀬織津姫　この国には大きな転換期が幾度もございました。その度に私たちは、この国が、ヤワすよう守ってきたと思います。トノヲシテとてぞんざいな取り扱いを受けましたが、消えたように見えましても、この国の人々の心根の中に残るトノヲシテを揺さぶり起こすことは可能と心得ます。戦いや、荒ぶる心を持たされた時代もありましょうが、常に女の心はトノヲシテを内在していたと思います。今なぜ私たち高天原の神々が貴方がたに頼もうとしているのかというと、この女の心根に危機感を覚えているからです。

徹底的に心に生じた毒を取り除くことが必要です。できるだけのことをしなければならないという高天原の皆様の決議もございます。

［2015年2月11日］

海外へのヲシテ普及の困難さ

Q　以前、セオリツヒメ様より「48音を知るだけで、遠い地に居ります、言葉の違う者たちの意思統一ができるのです。公用語を作り、アマテル君のお言葉を残さなければならないのです」とご回答をいただきました。旧約聖書にはバベルの塔以前の古い時代には、世界の言葉は一つであった、というようなことが書かれています。

ヲシテはもしやその世界共通の言葉であったのかもしれないと思いましたし、トホカミヱヒタメ八神の中の神々はトノヲシテの普及のために、全世界へ広がられたのではないかと思います。また仮に宇宙共通語が存在するとするならば、まさにヲシテがそれにあたるもの、とも思いました。

瀬織津姫　ヲシテ文字は世界の発音を一緒にする民族は受け入れましたが、子音を用いている民族に広げることはできませんでした。言葉が伝わらないと、広めることはたいへんに難しいのです、先に書かれた私の回答はこの国に限ったことです。［2015年2月13日］

「天照大神はかく語りき」で

Q 日本を良くするにも、グローバルにさまざまなことが影響する環境となっている現在、トノヲシテやアマテル様のお言葉・思想を日本だけでなく、世界にも広めなくてはならない、ということでしょうか。私は、できればそうしたいと思います。

瀬織津姫 まず、この国の意識統一ができることが重要です。理屈をこね回すのではなく、「アマ神はこう言われた」のほうが共感を呼びやすいのではないでしょうか。

［2015年2月13日］

天照大神のお言葉がホツマの核心

Q セオリツヒメ様は「ホツマツタエも勝者の為に残されたもの（1月5日「生と死　牟

妻を暴くべからず」の項目）とおっしゃいました。人間である執筆者の立場からの視点があるので、常にどのようなことも中立の立場から描く、ということは難しいことと思われますが、特に、高天原の神々様がご覧になって、端的に、勝者の立場から描かれているところは「出雲の国譲り」の他にもあるのでしょうか。お伝えください。

瀬織津姫　ホツマツタエは、オオン神の御業績を広く世に知らせるものとして残された記録でございます。オオン神の一言一言を記録し残すということをいたしましたところは間違いなく伝えました。しかし、それ以外の所は作者の思い入れから、かなり慎重を欠いたものもあります。宮中の様子などは、その場にいなかったためにかなりの想像で書かれたと思います。例えば、我が妹がソサノヲ様のことを告げ口したなどということなど、根も葉もないことでも、さもこうであったよ、と。誰に聞いたのでしょう。失礼な話です。

［2015年3月10日］

第8章　神仏習合

変わらぬ国の本質

Q　日本に仏教が入ってきて、それ以前より神道が担っていた役割を分担した面がありま す。例えば祖霊の供養、祭りです。お盆の先祖供養もそれと同様の行事があったことがホツマに記されています。

長谷寺の徳道《とくどう》上人は、閻魔大王《えんまだいおう》に命ぜられて、生前の罪業によって地獄へ送られる者があまりにも多いので、それを救うために三十三箇所の観音霊場を作ろうとされました。志半ばで、その事業は途切れましたが、270年後、花山《かざん》法皇が紀州国の那智山で参籠《さんろう》していた折、熊野権現（私はセオリツヒメ様ではないかと推定しております）がお姿を現し、徳道上人が定めた33の観音霊場を再興するように託宣《たくせん》を受けます。そして中山寺で宝印を探し出し、播磨国《はりまのくに》のソサノヲ様と関わる書写山《しょしゃざん》の性空《しょうくう》上人、河内国石川寺（聖徳太子御廟）の仏眼《ぶつげん》上人と中山寺の弁光上人を伴い、三十三箇所を巡礼したことから、やがて人々に広まっていったそうです。

私は、仏教本尊のお姿を借りて、日本の神々様が衆生《しゅじょう》をお救いになることは、かなり頻繁にあったのではないかと思っております。

トノヲシテの中でも重要な、ユキキの道[*1]からそれてしまい、まともに神上がりができなくなった人々が多いために、供養・成仏（神上がり）するための観音霊場がつくられたことに、日本の神々もお力をお貸しになられたのでしょうか。

瀬織津姫　やっとここまで来ましたね。

どんなに異国の仏教をこの国に入れても高天原の神域を壊すことはできません。一時的に落ちたように見えても、この国の本質が大きく変わることはないようにこの国の民を教育すること、が我らの課題だったのです。郷に入れば郷に従い、決して屈することなく、和して合わする国民性と知力が、この国の根幹を流れておりますれば怖いものはありません。

かつて花山法皇に託宣を授けましたのも、古からの天皇方の御意志でございます。つまりは高天原の御意志です。導きは、及ばずながら私も手伝わせていただきました。熊野権現は、我らの霊力のなせる業《わざ》でございます。誰それという神という個体ではありません。国の大事を成すためには、高天原の意志を以て事に当たるのです。今回はアマノコトネという御神代を得た故、このように話すことができます。我らの志を無駄になさいませんよう、心して事に当たられますように、頼みます。

［2015年3月14日］

＊1　ユキキの道　輪廻転生のこと。神道では、生まれ変わりを肯定的に捉えている。ホツマには、「素直に欲を持たずに食を正し、生を全うした『鈴明の道』を歩んだ人は、また人として生まれ変わり続け、現世を楽しむことができる。我欲にとらわれた『鈴暗の生活』をすると、死後も魂の緒がねじれて神上がりできず、まともな転生もできなくなり、獣等へ生まれ変わっ

てしまう」ことが記されている。

鹿乱荒神《そらんこうじん》

Q 本日1月21日は、弘法大師開基といわれる六甲山鷲林寺《じゅうりんじ》*1（兵庫県西宮市）の護摩法要へ参列いたしました。鷲林寺は、廣田神社の眷属神《けんぞくしん》ともいわれる鹿乱荒神《そらんこうじん》が祀られています。隣の宝塚市の清荒神清澄寺《きよしこうじんせいちょうじ》では、その鹿乱荒神が清三宝荒神《きよしさんぽうこうじん》として祀られています。鹿乱荒神についてお教えください。

瀬織津姫 私たちは霊のみですので、いかようにも姿は変えられます。しかし、たとえ弘法大師空海の法力の力をもってしても、手におえるような存在ではありません。しかしこの御仁は、神をも大切にできる存在でございます。

何を大切にし、何と戦うかをわかった人間であり、我らのことをわかる人間には私どもは力を貸しましょう。役行者もそのような人でございました。時代が過ぎますと、私たち

六甲大神

もさまざまに変化を遂げ世に姿を現す、ということを避けることはできません。それはその人間の感性でどう見え、どう聞こえ、どう把握されるかには違いがあるのです。アマノコトネのように、私の言うことを即座に把握し、素直に聞き取るということは難しいのが今までの人間たちでした。自分の考えを我らに押し付けられては困ります。違うものは違うのです。

さてご質問はソランコウジンなるものについてですが、これは見え方としては、真言密教の中に出てくる異界の神の姿ではないかと思われます。私は口から火を噴くことはいたしません。ただこの空海という方はかなりの知恵者でございますので、何処から何処までを我らと添わそうとされたかはわかりません。

［2015年1月21日］

＊1　鷲林寺　法道仙人開基説もある。六甲山東麓に位置し、役行者が開いたとされる六甲修験の出発地点である。廣田神社の神奈備山といわれるなだらかな甲山《かぶとやま》と、鷲林寺、六甲比命の磐座神社を奥の院とする、かつての多聞寺のあった古寺山は、東西のラインで整然と並ぶ。

役行者

Q 修験道の祖、役行者《えんのぎょうじゃ》もセオリツヒメ様を大切になさった方であることを少しお聞きしておりますが、どのような方でしたでしょうか。お教えください。

瀬織津姫 役行者とはオズヌと呼ばれる前からの付き合いです。私のこともよくわかる能力者です。修行者といえども、その才能がなければいけません。野山を野生の動物のように駆け回っていたかと思うと、いつの間にか雲を飛ぶ修行をしたり、天狗という5次元の世界の者より修行をしたり、喜々として、この世で暮らす全ての知恵を身につけた人です。ただお酒を飲んで腰を抜かしたこともあるので、酒には注意していました。

［2015年3月17日］

瀬織津姫と役行者が出会われた場所：西宮市

弘法大師空海

Q　空海は、ご生誕地とご入寂地がちょうど東西の緯線に並び、その線上にキシキのアヒノマエミヤ（和歌山市日前・国懸宮）、そして大和、吉祥天を祀る天河弁財天神社が位置しておりますので、セオリツヒメ様とは並々ならぬ御縁がおありではないかと思っておりました。

　また日本仏教の創始者、ともいえる聖徳太子のご生誕地の橘《たちばな》寺は、タジマモリ様が、常世《とこよ》国からいただいた橘の木を植えたところ、と言われ、神道の精神を受け継ぐ大切なところです。

　聖徳太子のご生誕地と天武天皇の御陵、役行者のご生誕地と、はるかかなたの四国の空海のご生誕地が一直線で並ぶことに、日本の神々の、神仏習合による人々への御働きかけの御意志を感じております。

　聖徳太子がご自身の念持仏として最も大切にされた如意輪観音は、吉祥天（弁財天）と並ぶセオリツヒメ様のご化身の一つと推定しております。

橘寺

私は、アマテル様とセオリツヒメ様が、聖徳太子をお導きになられたのではないかと思っております。聖徳太子が信仰された毘沙門天・吉祥天はアマテル様とセオリツヒメ様、そして、善膩師童子《ぜんにしどうじ》はオシヒト様ではないのでしょうか。お教えください。

瀬織津姫　我らはこの国を守る為にいろいろな働きをいたしてまいりました。特に我らを感じ、素直に我らの言葉を聞き、その時代に合わせてくれる人々を育て、守り、そして我らの存在を知らしめてきました。この国の人々は真面目に学び成長してきましたが、どこかで、本当の日本の歴史を捻じ曲げて理解するようになりました。確かに我らの時代は、子供の燃えるようなエネルギーを感じながらの国づくりでした。しかし今の日本は違います。こんなに平和が続いておりますのに。ここで大きくかじ取りをして変えねばなりません。その為の役割を持つ人々を探しておりました。我らの時代を復元しようとは思いませんが、もっとしっかりとした考えを以て、この国を引っ張っていくリーダーたちを育てねばなりません。

シモテル姫様シラヤマ姫様、メ（女）の道をともに歩んでまいりましたお方様方が立ち

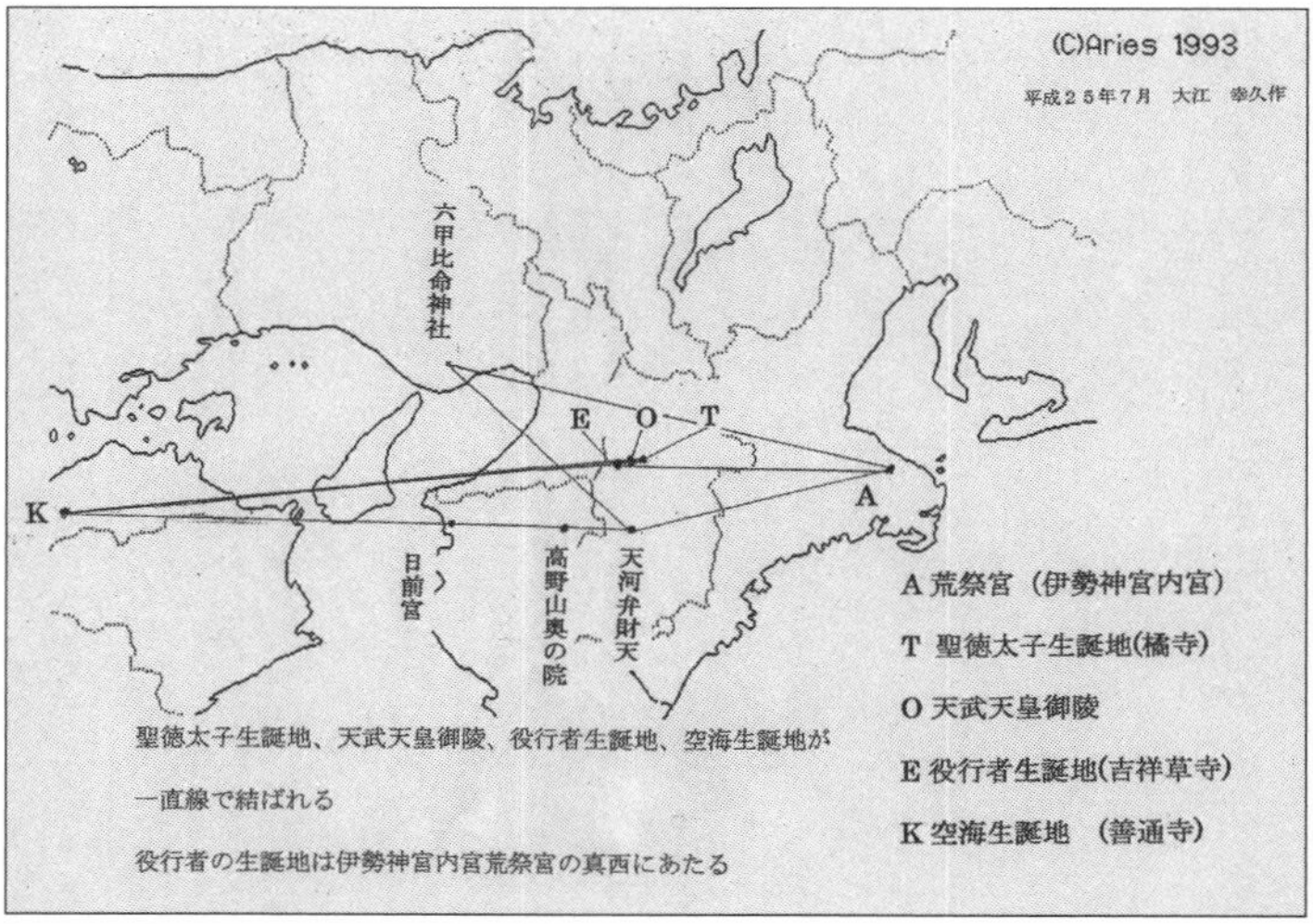

地図　聖徳太子・役行者・空海

上がられております。どうぞ我らの心を御くみ取り願えれば幸いでございます。

ここに述べられました方々は、確かに我らのこともよく調べ、この国古来の神々と、カの国から渡って参りました仏教との融合、景教との融合を模索し、相応しい形で整えられたのです。私たちは、それを良し、といたしました。今この国に必要な教えを説きたいと力を貸しました人々が、どういうわけですか自己の優越感に翻弄されてしまっている、研究者で終わってしまっているもどかしさに、アマノコトネの力を借りてここに我らは間違いないことを降ろします故、きちんと聞き取ってください。

［2015年1月21日］

真言密教とは

日本（だけではなく世界的にもそうだと思いますが）には、一貫して、トノヲシテの普及を阻止する勢力が脈々と生きながらえている、ということなのでしょうか。また、そのような勢力がいるとするならば、いつごろからでしょうか。その勢力とは天岩戸事件のころから宮中に蠢《うごめ》く権力簒奪《さんだつ》を図る勢力、またはハタレの流れなのでしょうか。

瀬織津姫　悪しきものを、全てハタレや天岩戸の事件とすることはできません。それほど人の心に魔が住みやすいのは、古今東西見てきております。それは、トノヲシテが一番に嫌うものです。いつの世でも正当な意見は通りません。この教えが通った時代を伏せようとしたのも当然です。このこともしっかり熟知した弘法大師空海でさえも、愛という摩訶不思議なものに我が身を焦がしたこともあります。それは当然なこととはいえ、してはならないことゆえ、秘密にされ守られました。いえ、実の所、この男女のことにも秘密はあるのです。

空海は神を遥かに超えた力をカの国に行き、手に入れたのでございます。それが真言密教です。これは空海に渡されるべきものとして、不空、恵果阿闍梨《けいかあじゃり》によって守られ、伝えられました。なぜなればこの術法こそカの一族に伝わります、クニトコタチ様の教えにほかなりません。

［2015年1月23日］

共通する水のお役目

Q　カの神の御教えが、不空・恵果阿闍梨によって伝えられたことをお聞きいたしました。今まで誰にも知られていないとても重要なことです。恵果阿闍梨のいらっしゃった場所が西安の青龍寺で、位置的に天河弁財天、[*1]高野山奥の院（空海入寂地）、アヒノマエミヤ（日前宮）、空海生誕地の東西ラインの延長上にあることが判明いたしました。空海が生涯を通じてなされたことは、セオリツヒメ様のお導きによるところが大きかったのではないかと思います（空海が幼少期に、山から飛び降りた時に、天女によって救われた、という逸話もあります）。その深いご縁についてもう少しお聞かせください。

瀬織津姫　そのことは私よりも空海本人に聞かれたほうが良いのではありませんか？

私が深いご縁を持っていたように思われるようですが、山住の娘として、清き水に関わりますこと全てに私のお役目がございます。役行者にしても、空海にしても、皆この水に関わりを持つ人々です。水があれば多少の空腹は我慢もできますが、清き水がなければ人はかわき死んでしまいます。山歩きをした者は必ず私を感知いたします。

［2015年2月3日］

＊1　天河弁財天　吉野に逃れた天武天皇は天空に吉祥天の舞いを感得され、これを吉祥として役行者とともに、天の安河《あめのやすかわ》の日輪弁財天を祀る天河弁財天神社を開基。天河神社社家が代官所に1712年に提出した「願書」には生身天女の御鎮座天照姫とも奉崇して、今伊勢国五十鈴之川上に鎮り座す天照大神別体不二之御神と申し伝えと記されていることから、祭神の吉祥天（弁財天）は瀬織津と考えられる。天武天皇の前で5回振り袖を振った吉祥天の舞は、その後宮中で五節舞《ごせちのまい》として、新嘗祭《にいなめさい》や大嘗祭の後の豊明節会《とよあかりのせちえ》で舞われる。

第9章　高天原と皇室

皇室と日本神界をご守護することの重要性

Q　神仏習合の中でも、際立っているのが、セオリツヒメ様とご縁の深い役行者・空海とも関連がある金毘羅大権現と思います。四国象頭山の本社は、かつて大物主命のいらっしゃったアワ宮と思われます。そして仏教的な表現を借りると、その「本地仏」は十一面観音、毘沙門天、不動明王ですので、アマテル様とセオリツヒメ様を仏教的に表す御本尊と一致すると思われます。

伊勢と出雲の神の習合した存在、とも思えます。庶民の間で信仰が広がった金毘羅大権現や七福神は、当時、私幣禁断《しへいきんだん》を盾に、庶民が伊勢への参宮が自由にできなかったことに代わる存在として新たに生み出されたのでしょうか。

瀬織津姫　人は束縛されれば束縛されるほど、何かにすがるものでございます。我らが姿を変えて仏の姿を取るとお思いですか？　それは貴方がた人間、草民が頼るよすがを、仏という存在に頼めばその光の戦士たちが対処いたします。頼み事、願い事をお願いすればかなえてくださるという思想は神道の考え方でした。神仏混合がうまくいったと考えておられる人間の縁に初めは我らも困惑し、怒る者もおりましたが「これも全て時の流れと心得よ」とのオオン神のお心で、均衡を取っております。

我らのことはスメラミコトと皇室がしっかり守ってくれております故、もしここが崩れるようなことがございましたら（などということは考えたくもありません）、日本の神界の崩壊につながることを御心得ください。スメラミコトと言われる方が守るべきことをご承知おきください。日本の神界を崩すことは世界の均衡を崩すことに繋がります。

仏とは人間が像を刻み、この形あるものに願い事をいたします。本来の我が高天原とは違うものです。仏に手を合わせたから、私に通ずるようになったのは人々の意識が、「水のことはセオリツ様」となったからです。「セオリツ様は弁財天ですよね」となったからです。全て、貴方がた人間の思念が作り上げたものなのですよ。

［2015年4月2日］

皇室の役割と存続

Q アマテル様のご血統は、皇室として現代まで継承されてきていると思います。これからも、皇室のご血統は守られなくてはなりません。十二后の制度が採用されたことについては、セオリツヒメ様のお話からその必然性がわかりました。

一昔前までは、側室制度を使って、男系の皇統を守る方法が取られていたようです。大正天皇が、側室制度を廃止なさいました。側室制度のない現代では、複数の宮家で、皇室の男系の血統を継承し、守っていくのがふさわしいのではないかと思うのですが、戦後、アメリカによって11の旧皇族が皇籍離脱となっています。この旧皇族を元の地位に戻し、皇位の継承権を保障することで、いずれの宮家の男子をも天皇の候補としていくことが望ましいのではないかと思います。今後の皇室の存続保障に関してのお考えを、もし差し支えなければお伝えください。

瀬織津姫　さてどうでしょうか？

尊き血の継続は何のために行われたのかよくお考えください。はたして害になる公算の強い皇族の継続問題は、憂慮せねばならない所まで来ているのではありませんか？　天皇の特異性からすれば、何人もの後継者がいるわけではないのです。ただし、最もふさわしい人材を選ぶという作業においては、人数を欲するのは当たり前かもしれませんね。我らの時代は男の人数も限られており、より優秀な人材はトホカミヱヒタメの御神々の末裔に出ることがわかっておりました。

優秀な人材の定義は、政をこなすのみではなく、天と繋がることのできる人材です。これをどう確保するかという大きな意味合いを持っておりました。

オオン神が豊受様の所で御修行になった日々は、全てこの大きな責任を果たすためでございます。時代は変わり、皇室が何故必要かという大きな意義を国民が知らない今の世に、この問題を定義するのは難しいと思います。今の皇室に宮家を支えていく財力も求心力もないでしょう。この地球の国々の中で、最も古い血を受け継ぐ皇室としての責任と価値はわかっているようです。皇室にとっても、宮家にとっても、子供は国の宝です。そしてこの国の存続は、若い子供たちの教育いかんです。

［2015年3月21日］

宮中祭祀の重要性

Q セオリツヒメ様が、高天原の神々様のご意向を汲まれて、花山法皇にお伝えされた皇室神道、伯家神道は800年にわたって、宮中祭祀を支えてきました。明治になり、その祭式を担う白川家が皇室神道から切り離されたようです。これにより宮中祭祀は、大きな変化を余儀なくされたと思われます。けれども大切な、天皇による四方拝[*1]などの儀式は保たれています。

その内容をよく存じてはいない私が質問させていただくのは気が引けるのですが、明治維新まで続けられた伯家神道の流儀の復活をさせることは重要と思われます。これに関しましてはいかがでしょうか。

瀬織津姫　皇室ごとは、その時のスメラミコトに一任されるとはいえ、全てを御一人で背負われるのは至難の業です。今は御側近の方々が代行するなどしておられるようですが、皇太子である日嗣の皇子の御立場は尊き血の継続もからめて、よくよくお考えいただかなくてはならない時が近づいてまいりました。白川家の礼法にいたしましても本当の意味で繋がっているところはありません。これも時の流れというものでしょうか。宮中雅楽一つにとりましても、どれだけの楽師が高天原に音を上げんとしておりますことでしょうか。カタチばかりのことでなされるもののむなしさは、我らとて好みません。

各代のスメラミコトのお力はスメラミコトの尊き血がなせる業でございます。天と地を結びます御業の尊さを世に知らしめ、宮中祭祀の重要性をわかっていただかなくてはならない段階に来ております。「人知れずとも、なさねばならない御業をスメラミコトがなされておられるのです」それが、お役目であること、（政《まつりごと》に口をはさむと、ろくなことはありません）努々《ゆめゆめ》お忘れなきように願います。皇室の意味合いをもう一度お考えいただかねばなりません。

［2015年4月4日］

＊1　四方拝　宮中で天皇が元日に行う最初の儀式で、伊勢神宮をはじめ国家鎮護にとって重要と思われる神社と、先帝3代の天皇陵の方角を拝する。国民を守るため、起こりうるあらゆる災厄を一手に天皇が引き受ける、という意味合いを持つもの。庶民の魔除けの願いと対照的であり、驚くべき尊きご姿勢を貫かれている。平安時代、大江匡房の『江家次第《ごうけしだい》』にその時のまじないの文が記されている。その中の道教的要素は、現在は排除されながらも、儀式の本質は今も変わっていない。

高天原と現皇室

Q　スメラミコトをはじめとする皇室の方々による宮中祭祀が高天原神界と地を繋ぎ、その両方をお守りするうえで非常に重要であることがよくわかってまいりました。それではお伺いいたします。

私は、今上天皇および皇后陛下美智子様の祭祀への御取り組み、御公務でのお働きぶり、国民へのご姿勢、ご発言内容等々から、本当に理想的なスメラミコト・キサキ様であると強く思います（私は、美智子皇后様はセオリツヒメ様の分け御霊ではないかと思っております）。御即位されて27年を迎えて、ご高齢になられ、さまざまな宮中祭祀・宮中行事、行幸・行啓もたいへんご無理をなされていらっしゃいます。皇位のご継承の問題も近づいていると思います。

セオリツヒメ様からお聞きして、宮中祭祀が極めて重要であることを心得ました。現皇室の継承についてどのようにお考えでしょうか。

瀬織津姫　私に現皇室のうんぬんをお聞きになるのですね。先日からお話しして居ります通りですよ。基本は、高天原のことを理解せねばならず、理解する能力がなければ世が乱れる、ということです。皇室の未来を憂うる者が高天原にも居ります。今に至るまでにも、より多くの問題を抱えてまいりました。一般の人々が理解できないものも多くあって然るべきです。

皇室の意味合いをしっかりわかっておらない者に担ぎ出されたこともありますが、それでも宮中祭祀は守られてきたのです（大きく削られたところもありますが、我らのはかり知る所ではありません）。

高天原も、スメラミコトになるにふさわしい方を秋篠宮家に送りました、その方の成長の間に魔が入らぬように、我らは監視するしか方法はございません。この方にこそ、未来の皇室の為に理解できる教育が必要なのです。浩宮家にも優秀な女皇女になられる高き能力の持ち主を送りましたが、教育という面で一般の能力しか身についておられません。残念なことです。

我ら高天原にとりましては、尊き血の存続が重要であり、トノヲシテを守っていただくこと、妹背の道を理解し、守ることを世に出すことこそ、皇室の重要性も一般の民草にも理解してもらい強い絆を持ってもらえるのでは、と期待しているのです。今なぜ皇室が重要なのかをおわかりいただけましたでしょうか。

［2015年4月5日］

高天原＝日本神界

Q 日本は、クニトコタチ様以来、神々様による日夜の休みないお働きによって守られています。確かに諸問題を抱えてはいても、なお世界の国々の中で、日本は誇りとするものが多く、全ての面においてそうである、とは言えないかもしれませんが、世界中の国々、人々の模範となっていくべき事柄をたくさん持っている国です。日本神界の素晴らしい神々によってこの日本が守られていることに、日本人はもっと感謝の気持ちを捧げなくてはなりません。

ところで、他の国・他の地域では、キリスト教の神界、イスラム教の神界、仏教の世界、などのような形で、それぞれに独自の「高天原」のような世界があってお守りをなされているのでしょうか。

瀬織津姫 神上がります時の心の持ちようで違います。神界を作りますには、その核となるオオン神のようなお方が必要となります。またその御方に従う方々が必要となります。

この地球の外側の大気圏までの宇宙に、人の思念が飛んでおります。この思念のより強い塊を形成しているのが神界という所です。

我らから言わせれば、貴男のおっしゃる教団は新しいものでございます。世界各国に濃い薄いはあれ、神界が存在し、人々を守っております。しかし、その神に対する尊敬の念が薄れ、生活の変わってしまった人間たちは神の恩恵を受けることはできません。

貴方がたは、宮中で行われる多くの祀りの意味を知らずとも、感謝の気持ちを持たなければなりません。

［2015年4月2日］

皇室神道の復興＝伯家神道の祖　花山法皇

Q　六甲比命大善神社がセオリツヒメ様の祠であることを確信し、2012年の3月4日に、当時の私の知り合いに声をかけて集まっていただき、男性2名、女性12名で、セオリツヒメ様の磐座として参拝し、セオリツヒメ様の御稜威《みいつ》を世にお出しすることを願って、拝殿前でアワ唄を歌い、お祈りさせていただきました。

仰臥岩　熊野権現・仏眼上人・花山法皇の碑

おそらく、こちらが、セオリツヒメ様の磐座であると認識して参拝された方として、空海・真名井御前の時代より後に思い浮かぶのは、花山《かざん》法皇と、聖徳太子の御廟《ごびょう》を守る叡福《えいふく》寺の僧侶といわれる仏眼上人《ぶつげんしょうにん》です。西国三十三所を復興された花山法皇は、ちょうど、ムカツヒメ様の祠の真北に位置する花山院菩提寺で崩御され、その地より、ムカツヒメ様の祠をお守りされている、と推定しております。

花山法皇のお孫様にあたる延信王《のぶざねおう》が、長らく途絶えていた宮中の神道を復興され、同時にこれ以後、白川家＝伯家《はっけ》が西宮＝廣田を大切にお守りされました（私は、皇室神道の復興にも、セオリツヒメ様がお力添えをなされたものと思っております）。

花山法皇・白川家の方々について、お伝えいただけますでしょうか。

瀬織津姫　はい、花山様はたいへん感性のよろしい方でしたし、皇室神道が消えないように、というオオン神の大きなお力を、取り次ぎの私から始まり、お伝えいたしました。この事業は、皇室のどなたかがなさらなければならないことでございました。尊き血の中に、外来の血が混ざるという危機的な状況もあり、これはどうしても皇室の権威を保つためにも必要なことでございました。消えかかっていた神道を復興する、ということが高天原の意見としても強かったのです。花山様の枕辺に立ち、気がついていただけるようにいたしましたのは私です。この当時、良き読み取り人が居りました。

ともかく皇室神道は特別な役割を持っており、何物にも替えがたいものなのです。

［2015年3月4日］

災厄から青人草をお守りする神々

Q　1995年の阪神・淡路大震災と、2011年の東日本大震災。地震は神が起こすもの、という考えの方もいます。けれども、神々様は、地震などの自然災害をできるだけくい止め、小さくなるようにご尽力されていることをお聞きしました。このたいへん重要なことを誤解している方も多いと思います。お教えください。

瀬織津姫　この地球を、人間の考えでどうにかしようとする者の傲慢は許されるものではありません。自然とともに生かされている人という生き物を大切に思うのなら、この地球をも大切にしなければならないのです。この国に祀られている存在は、私を含め、かなりの我慢を強いられています。何故、こんなに人間が変わってしまったのでしょうか。大きな戦争という悲惨なものを経験したのも変わった理由だと思います。我らができること、この国の為にしなければならないことに対しては、どの神として祀られている者でも全力で立ち向かっております。私たちは、自分のお役目としてやるべきことを貫いているのです。

生かされている、という実感を持てない人間は不幸です。我らが一斉に何もしなくなったら、貴方がたはどうするのでしょう。亡くなってみて初めてわかる親心とはよく言いますね。

［2015年1月18日］

高天原と異なる『日月神示』

Q 天津日嗣の大切なお話、高天原の神々様が、皇室の尊い血が維持されるようにご守護されていることをお聞きし、あらためて驚き、感激しております。

天津日嗣からも連想されますが、天之日津久神の神示として有名な日月神示は、私も神道に関心を寄せるようになったころに強い興味を覚えて、千葉県の麻賀多神社の天之日津久神社まで参拝に出かけたこともあります。人としてどう生きていくべきか、という教えが記される一方で、大きな災難が到来することなどの警告が多く記されています。神道に関心があり、かつ世の中をよくしていきたいという意志を持つ少なからぬ人たちに大きな影響を与えています。

ホツマとも共通する御教えが記されていることもあります。この神示の影響を受けて、災厄が到来するのではないかと、危機感を持って改心することは良いことなのかもしれませんが、他方、災厄が来ることの予言は、それが起こることを待つ＝肯定することに繋がるのではないかと、危惧される面もあるのではないかと思われます。天之日津久神について、そして日月神示の意義についてお教えください。

瀬織津姫　日月神示なるものの意義ですか。

我ら高天原から降ろされたものではありません。私と随分長い間、一問一答なさったのでおわかりと思いますが、高天原の神界はアマテラス様を中心とした神々のお集まりです、確かに、この国を皇室とともに守るのが我々のお役目と申せましょう。

もし、日月神示がクニトコタチ様から降ろされたとすれば、我らも聞くことができない神界の御啓示となります。しかしそのような啓示を一般の民草が聞くことができたとは驚愕です。よほど世が緊急を要し、切羽詰まった状況であったのでしょうか？　クニトコタチ様にお取り次ぎ役がいたとすれば（私が天照神の取り次ぎ役をしているようにですが）可能と思われます。

ああしろ、こうしろというように、一方的に声掛けはいたさないのが高天原の流儀でございます。別神界からの自動書記という形を取った御働きなのかもしれませんね。この日月神示が大きく人心に受け入れられているのでしたら、よほど心に響く内容なのでしょう。良きように理解なさるとよろしいのではありませんか。

［2015年4月6日］

神上がり

Q　宮中では、さまざまな権勢渦巻く状態で、鬼のような存在の方もいた、とお聞きいたしました。モチコ様・ハヤコ様の良からぬ想念が、セオリツヒメ様を苦しめられたことも容易に想像できます。すると、セオリツヒメ様の神上がりのことも、ある時期までは宮中でも極秘事項であったのでしょうか。

瀬織津姫　神上がりといいますことは、尊い御血筋の方々にとってたいへんに肝心なことでございます。しかし、身内以外は御そばでお見取りをすることすら許されません。それは牟婁《むろ》に籠られましても、いかに長く、我々と息を通じさせられるかということにも尊敬の念が集まったのでございます。私の神上がりに関しましては宮中のしきたりに従いました。

［2015年1月17日］

瀬織津姫　ホツマツタエには女の神上がりの様子は書かれていないと思います。何故なれば女が神上がりいたします姿に男のような覚悟がないと思われてのことと存じます。私は、自分の神上がりの姿は美しくあった、と自負しております。シモテル姫様の死に際はたいへん優美なものと聞いております。私は野の花に囲まれ、芳しい香りの中に眠るごとく行かせていただきました。

［2015年1月19日］

瀬織津姫の神上がり

Q それでは、お伺いいたします。

セオリツヒメ様の祠での神上がりのご様子について、また、セオリツヒメ様のノコシフミ（遺し文）に関しましても、お知らせいただけますでしょうか。

瀬織津姫 皇后とはどうあるべきである、というトヨケ様からのノコシフミにも、神上がりのことは書いてございませんでした。私が参考にすべきは、イザナミ様の神上がりの御様子ですが、これもかくあるべきであるとは言い切れません。私の祠も決まり、この冷たい室に入って死を迎えることが果たして私らしいのか、と心を悩ませました。そこで決めたのでございます。まず宮中の作法に従うこと、女道が通ること、美しく天地自然に見守られながら眠るように参ろうと、決めました。

尊き血の方々は、ご自分の最期を悟られ、ノコシフミをなさり、牟婁に入られます。大そうな御覚悟であると思います。私はムカツの祠に籠ったのではありません。あそこは、私の祀られた神社とお考えください。私は、その為に自然に出来た花畑を用意させました。四季折々の花が咲き乱れる桃源郷のような所を探しました。そしてオオン神の御籠りになられる丹後の祠を遥かに望む場所に、死に場所を求めたのです。

これは私の解釈ですが、牟婁に籠りますれば空気が薄くなり、身体も冷えて、弱った体には眠気が加わり、静かに死を迎えられるのであろうと察しもつきますが、ほこほこと太陽の日に照らされて行きますことは、たいへん智恵のいることでした。まず、自分の身体が極限まで衰弱して、この花々の中にほっと落ち着いたときに亡くならねばならないのです。しかし、そうしたいと思う願いは聞き届けられました。弱った体には（六甲の）高地まで歩くことはたいへん負担だったからです。また、花々が一斉に咲き出すこの季節に神

京丹後市・久次岳《ひさつぎだけ》

上がりできたこと、身内が見守ってくれたこと等々、幸せでございました。

ノコシフミに関しましては、皆が心穏やかに暮らせる世こそ理想であること、死してなおオオン神の御そばに置いていただき、ご奉仕に励むこと、皆を見守ること。事細かに残しました。今更ながら、私は自分の納得できる死を演出できたことに満足いたしております。

［２０１５年４月12日］

瀬織津姫　神上がりしてからは、人の思いをいかにして受け取り、それを情報として国の良き方向に持っていくことができるのか、が課題であります。情報を出す人間をどれだけフォローし、守るかも課題です。

世の中の全てのことを私に託されても、できることとできないことがございます。日本各地の神々の役目は、私利私欲の情報と、公の願い事の情報を、正確にアマテラス様の元に上げることです。これが今の我々がなすべきことと心得ております。

今の世のスメラミコトもこの所はよく心得られた立派なお方でございます。

［２０１５年１月８日］

第10章　六甲山・六甲比命の磐座

一千年　再び秘されたムカツ姫の祠

Q　花山法皇様ご活躍の当時、良き読み取り人がいらっしゃった、とお聞きしました。花山法皇をお導きされた、熊野権現の化身ともいわれた仏眼《ぶつげん》上人様もそのような方であったと思いますが、いかがでしょうか。また白川神道の歴代の方々は、ムカツヒメ様の祠のことは、花山法皇からのお伝えとして皆様がご存じだったのでしょうか（もしそうであれば、宮中では六甲山がたいへん大切な場所であると認識されていたと思われますが、廣田神社・西宮神社に残る、公表された文献資料ではその形跡がありませんでした）。または、まだ秘すべきところとして、さらに現代にいたるまで明かされなかったのでしょうか。

瀬織津姫　ある時代から、我らの存在を伏してしまいたい勢力が働きました。それが人の世でございます。我らは、我らの力を欲する者を吟味し、その者に伝えるという方法を採りました。その中で宮中の皇室神道だけは、きちっと残しておかなくてはならないという意識を、花山様には持っていただきました。

なぜならば「言葉の力」を真に理解しわかり、実行できるのは、尊き血を引く方々でしかありえないからでございます。聞き取りの達人は、その時代多く居られました。このような力を欲する方も多く、またそのような能力者も多く育ちました。仏眼上人という方も、花山様の周りには色濃くおいででした。またこの当時、陰陽寮といわれる所では、競って能力のある者を登用いたしたようです。そんな世の風潮もあり、学ばれれば学ばれるほど面白くなられたのが花山様でございました。和歌の道を究めれば極めるほど、頭の中が整理され、我らを感知するまでになられたのです。神祇という、朝廷にとって最も重要な行為を行える人材としての花山様の実力は、誰も真似できるものではなく、これを極めるお役目を買って出ていただきました。この神祇伯としての基礎を築き、お守りいたしましたのは、我ら高天原の意向でございます。

ムカツの祠のことですが、これは秘密といたしました。我らには、死してなお守り通さねばならない事柄があります。それは、今でも変わりありません。たとえムカツの祠が倒れようとも、守り通さねばならない天とのお約束事がございます。［2015年3月6日］

六甲の守り

Q　本日は多くの犠牲を出した阪神・淡路大震災から20年目にあたります。六甲の山が地震の揺れを食い止めました。阪神大震災より過去にこのような規模の地震、あるいは自然災害が、六甲山を襲ったことはあったのでしょうか。

瀬織津姫　私たちメ（女）の道を守る者たちが、この山の守護に就きましてから、早や数千年の時を経ております。この六甲の守りはいまだ破られてはおりません。ただし今回の災害は、貴方がたのつくった都市というものが災害被害を大きくしたともいえましょう。

この程度のものでしたら、今までの時を経る中、何度もございました。ただ淡路島を震源としたものの記憶はあまりありませんでした。イザナギ様の守りが利かないということはありないことでございます。我らは、富士の大きな災害を経て西に移動してまいりました。

古代よりの結界の場所でもあるこの六甲を、伏せの山として守るのが、我らがお役目でございます。

［2015年1月17日］

六甲山系の磐座

Q　タナキネ様のご自身の祠の里宮は冬至の日の入り方向に位置する芦屋神社と、真南の綱敷天神社《つなしきてん》の二つのお社、と思いますが、ムカツヒメ様の祠の里宮は廣田神社と真南の六甲八幡神社の二つのお社なのでしょうか。廣田神社はかつては、甲山《かぶとやま》の真東（現在の甲山森林公園内、愛の像のモニュメントの広場）に位置していたのではないかと勝手に思っておりますが、いかがでしょうか。

瀬織津姫　我らの風習で、冬至の日の光はよみがえりの貴重な光でございます。タナキネ様の御心の中に、自らがこの光を受けて蘇るという御気持ちがあられたのでしょうか？私は早くに死にましたので、美しいままの私がタナキネ様やオシホミミ様のお心に残っていたと察しますとありがたいことでございます。

我ら皇后は他の后と違いまして、ありがたいことにこのような磐座が与えられました。特に私は、この六甲の山にこだわりがあったのです。それは、シタテル姫様とのお約束でございます。オシホミミ様の御養育にも一方ならぬ恩義がございます。シタテル姫様がおっしゃいますには「いずれ未来の都がこの国の中心に位置するようになるだろう、その時我ら女の守り、鉄壁なればこの国が亡びることもなかろう。我らに願いの念をあげん者たちの為この六甲《むかつ》の地に盤座を築こうではないか」本来であれば伊勢の宮にお祭りされてもおかしくないお方でございます（いろいろな意味で、シタテル姫様はトヨケ様とも同化なさり外宮を守り、アマテル様とも同化なさって内宮も守っておいでになります）。シモテル姫様とのこのお約束を、我ら心して守っております。

大地震の時、多くの女が地震を食い止めることを祈りました。大きな災害は、我らのできる限りの力で守っております。

其々の神社による守りの考え方は私の指示ではございません、全て私を含めたものを頼って守りを作られました。場所的には少し動いたところもあると思います、何もわからず動かしたものが居ります。今の世まで何と長い年月がかかっておりましたでしょうか。

［2015年1月16日］

六甲の白龍

Q　ムカツヒメ様の祠に今までご案内した人の中で5名くらいの方が、祠の前に白龍がいらっしゃる、とおっしゃいました。眷属さまでしょうか。

瀬織津姫　この山の主です。私がこの祠に決めました時から、時々おいでになります。まだまだ若い白龍です。

［2015年1月19日］

雲ヶ岩

Q　また、雲ヶ岩と呼ばれる二つに割れた岩についてもお教えください。

瀬織津姫　それを置きましたのは、タナキネ様でございます。タナキネ様の思いも御汲み取り願いたく思います。タナキネ様がこの山の造営者です。多くの奇岩をくまなく調べて、私にふさわしい祠の手当てもしてくださいました。

［2015年1月7日］

Q　雲ヶ岩の南に、ピラミッド型でジグソーパズルの立体版のように組まれた岩組みがありますが、そちらはアマテル様の依り代と考えてよいのでしょうか。

瀬織津姫　昔からここにはこの石組の基礎をなすものがありました。後にこのような形に戻したのだと思われます。オオン神の祠は、あくまでもトヨケ様の一段下の水晶の祠でご

雲ヶ岩

ざいます。オオン神のヨリシロは、あくまでもモトモトアケの天の御柱の場所。今は伊勢の内宮でございます。あまねく光射し、全ての民の元に御光臨あそばします。

［2015年1月7日］

仰臥岩

Q 仰臥岩と呼ばれる平らな岩は宇宙の根源神と繫がるための場所なのでしょうか。

瀬織津姫 我らの思いとは違う方々の場所なのでしょう。貴方の言う、宇宙の根源神という方と繫がられる方は千年の世に一人出るか否かのお方でございます。我らから申しますとトヨケ様です。オオン神は御修業を積まれ、トヨケ様とともに居られることでその役割を果たされました。

［2015年1月7日］

磐座の保全

Q 拝殿横の大きな岩、岩組みがずれてきて、倒れるのではないかと心配されている方もいます。ムカツヒメ様の祠は、アメナルミチをお伝えする大切な場所でもあり、後の世まで守らねばならない、と思います。今すぐ、何か手立てを打たねばならないことがあれば、おっしゃってください。

瀬織津姫 磐も地球に根っこがあるわけではありません。かつての大地震により、この山も大きな被害を受けました。大自然とは、我らごときの力ではどうすることもできないものもございました。ましてや人の力でどうにかなるものでしたら（難しいと思いますが）元の姿に戻したいと思います。しかし根本自体がゆがみましたので、今の姿を正確に図面に残し、崩落してもわかるようにしていただければと思います。

［2015年1月7日］

ムカツ姫の祠の造営

Q　トヨケ様の偉大さが、もっともっと広く知られていかなくてはならないことを強く思っております。

タナキネ様が六甲山＝ムカツ峰の造営をなされたことをお聞きしました。また、ムカツヒメ様の「祠の手当てもしてくださった」とおっしゃいました。ムカツヒメ様の祠の御造営の指揮をおとりになられたのはタナキネ様である、と思ってよろしいのでしょうか。

瀬織津姫　直接の造営は、我らが山住の一族がいたしました。尊きお方は、直接の手は下されません。ただ、この六甲山は貴重な山ですから、私が伏せの山を守る者として、ふさわしい場所を決めていただきました。タナキネ様はオオン神の御長男として、ふさわしいお役目を次々にこなされ、人望も厚かったのです。

ただしご自分にはオオン神の御業績を継ぐ資格はない、とよく理解しておられました。また、ご自分はツキヨミ様のように、喪（陵）の番をなさるのだという御覚悟ができておられました。本当に利発な、良くできたお方でした。

［2015年1月15日］

甲陽園目神山

Q 甲山神呪寺《かぶとやまかんのうじ》の南に目神山《めがみやま》という場所があり、今は住宅地になっております。役行者が弁財天＝セオリツヒメ様とセオリツヒメ様とお出会いになった場所もすぐ隣にあります。セオリツヒメ様とご縁の場所ではないかと思っておりますが、トホカミヱヒタメのメの神、あるいは他の神々とご縁のある場所なのでしょうか。

瀬織津姫 女神山（目神山）は古代斎場でございます。最初にこの場所に尊き血筋の方々をお祭りする斎場がございました。もちろん磐座の存在を御説きいただきますと、古代の斎場の復元もできますが、もう住宅地となり完璧な復元は難しいでしょう。我らメ（女）の道を守ること、尊き血の方々を守る為の女巫女たちの山がこの六甲でございます。女神山にお住まいになる方はこちらの神々とうまく調和を取られますことをお勧めいたします。

［2015年2月3日］

ムカツ姫の祠のご守護

Q　ムカツヒメ様の祠ができたそのすぐあとは、おそらくオオヤマズミの御一族が直接のご守護をなされていたと想像します。ムカツヒメ様の祠は、神功皇后がムカツ峰の麓に（里宮）神社を創建されたころは、当然その奥宮という位置づけであったろうと思われます。ムカツ峰全山を領有していた廣田神社が、やがて力を弱めたのでしょうか、法道仙人の時代に多聞寺の奥の院として仏教寺院が、ムカツヒメ様の祠とその周辺を守護することになりました。その直後より役行者とその子孫、四鬼氏によって修験者が守る時代が続きました。花山法皇を除いて、ほぼ修験者によって秘密裏に守られてきた歴史が続いてきたものと思われます。

六甲比命講はいつごろからあったのでしょうか。祠が守られてきた歴史の概要についてお知らせください。

瀬織津姫　神功皇后は、私（アマテラス）[*1]の生まれ変わりとされた方ですね。ここには歴史をも、力にしようという男の世界が見え隠れして、いやなものです。我らの時代と違い、地位や名誉、人の欲「シイ」がはびこってしまったのです。まことに、女は知恵者に踊らされる、看板的存在であることが見えます。

嘆かわしいことですが、時代の変転により「トノヲシテ」が忘れ去られてしまったからにほかならず、真のこの国の素晴らしさに蓋をしてしまったから起こったことです。

役行者はなかなか面白い男でした。反勢力派と言ってあげたいと思いますが、感覚的に私の祠を守り、イワナガ姫も感知してくれました。私はこの祠を感知した者に力を貸すことにしております。

六甲比命講は、初めは皆の気持ちから始まりました、時代はかなり下がります。私から言わせていただけば、自然発生したものです。皆の気持ちを考えれば、お金のやり取りは人の世ではしょうがないものでございましょう。経済、という言葉で処理できると思います。

［2015年2月2日］

＊1　アマテラス　ここで瀬織津姫様がおっしゃっているアマテラスとは、すでに男神の天照大神が何者かによって消され、御自身と一体化した女神の天照大神を捏造されたことを念頭に置かれた表現と考えられる。

六甲比命神社の祭礼

Q　六甲、ムカツヒメ様の祠では、春と秋、年に2回護摩供養が開催されていましたが、近年は秋のみ（10月中旬ごろ）の実施となっており、六甲比命講の一員でもある私は、春の祭礼の復活を願っています。春の日程は旧暦の3月21日（新暦の5月初旬）あたりの祝祭日がふさわしいと考えます。

また、ゆくゆくは常時、祠をお守りする神主の常駐体制を敷くべきと思っております。

乙巳《いっし》の変《へん》（大化改新）のころより、ムカツヒメ様の祠は多聞寺の奥の院として仏教寺院境内に組み入れられ、多聞寺と、役行者の子孫といわれる四鬼家の人々を中心として、唐《から》櫃《と》の人々と六甲修験者たちによって守られてきた経緯から、仏教的、神仏習合的な祭礼が続いてきております。

従来のとおり、秋の祭礼は仏教式の護摩供養を今後も継続し、そして、春は神道式の祭礼で復活させる、というのは、私の一つの考えです。多聞寺の越智《おち》住職様とも相談が必要です。

もちろん根本的には、セオリツヒメ様のお考えに沿った祭礼のあり方を実行してまいりたい、と思います。今までの護摩法要の様式を続けながら、やはり、一方で神道式の祭礼ができるようにしていくという案はいかがでしょうか。また、祝詞もふさわしい内容のものが必要ではないかと思います。

瀬織津姫　たいへんにうれしいことです。ご提案はできることからなさいますように、このように全てを解っていただける方に我が祠をお守りいただけますことはたいへんな喜びです。神式の祝詞まで考えていただけるのですか？　今から楽しみです。

［2015年4月7日］

むすびの章

ありがたき和歌の下賜

大江　本日は、セオリツヒメ様への感謝の意を込めましたワカをお届けいたします。

畏くも　瀬織津様と　語らいて　世直しのため　我も尽くさん
かしこくも　せおりつさまと　かたらいて　よなおしのため　われもつくさん

正后と　朝ごと夜ごと　言交わす　畏れ多さに　身も引き締まり

まきさきと　あさごとよごと　ことかわす　おそれおおさに　みもひきしまり
休みなく　幽りて護る　高天神　そのお働き　人は知るべし
やすみなく　かくりてまもる　たかまかみ　そのおはたらき　ひとはしるべし
日の本の　いにしえ神の　働きなくば　この世の平和　つゆ保たれず
ひのもとの　いにしえかみの　はたらきなくば　このよのへいわ　つゆたもたれず

瀬織津姫

今生の　お勤め受けん　覚悟にて　六甲の地の　安らかなるや
こんじょうの　おつとめうけん　かくごにて　ろっこうのちの　やすらかなるや

選ばれし　心せくなと　おもはえて　昇る朝日の　光り給われ
えらばれし　こころせくなと　おもはえて　のぼるあさひの　ひかりたまわれ

おおんかみ　かしこきのりと　たまわりて　こうべふしなん　おききあれ

「ときのとを　おしあけみよに　かたりなせ　たかまがはらの　いこんをば
かたりつくせり　せおりつの　こころばえをば　めでるべし
あさなゆうなに　こんじょうの　よをおもうゆえ
のたまうは　まごころとなる　かたりごと　ふしてみそらに　かえすべし」

［2015年4月2日］

再びオオン神の御言葉

Q 先日頂戴しましたアマテル様よりのお言葉をじっくり読みなおしましたところ、最後のところが気になっております。
かたりごと　ふしてみそらに
かえすべし
とは　今回の　かたりごと＝御聞き取りの内容は、伏して＝公表しないで、みそらに＝高天原に　かえすべし＝戻すべき、という御意思ではないかと思ったのですが、いかがでしょうか。

瀬織津姫 オオン神はこのように申しておられます。
「こころなし　いくよのひとの
もうすべし　たかまがはらの
ごいこうを　たしかにうけて

かたりせば　われらのほんい
つたわりて　われらたすくん
もととなる　よよのんてんの
こうならん

トノヲシテ　みよのひかりと
なりぬべし　こころしかかり
こうとなせ　ゆるぎなきよに
なさんとて　われらのいしと
おもわれよ」

オオン神は私の語りましたことで、物議を醸すような所は高天原でお力を貸すのでお返しなさい（ご相談なさい）。全てトノヲシテを世に出し、世の中を喚起しなさい、と言っておられます。

ふす＝心して、頭を垂れて聞きなさい。私たち高天原の御意向をしっかり受け、その成果をお返しするように。ということでございます。

［2015年4月9日］

六甲比命大善神　神前祝詞

かけまくも　あやにかしこき
あまてらす　おおみかみより
まきさきと　えらばれたまふ
むかつひめ　せおりつひめは
かきたより　やすくにみやへ
とつぐより　おおやしまくに
くにもりを　つらぬきとおす

ふじおかの　おしほいみみに

うぶやなし　とようけさまの
みみのはの　ちからぞえにて
よつぎみこ　おしひとさまを
うみませる　あなめでたしや

おおんかみ　のこしのりにて
せおりつに　めみちのまもり
たくされり　きくりわかひめ
たけことも　おもいおなじく
めのみちと　をのみちともに
あいわして　なかゆくみちを
あゆみゆく　いもせのみちぞ
ひろたのち　そびゆるみねは

いにしえの　むかつのほこら
あるゆえに　むかつみねとぞ
もうしける　むかつのみねの
いわくらは　つきのうさぎの
かたちなり　せおりつひめは
たなきねの　やさしきみめに
まもられて　ここにしずまり
たかまはら　きみとみたみを
むすばんと　かくりみとなり
そのみいづ　なおつよまれり

むかつひめ　そのごしんとく
ろっこうの　やまのかみなり
めのみちの　もりのみならず

ひぬまない　とよけさまより
さずかりし　みずのおまもり
それゆえに　とつくににても
たたえらる　かみのとのみず
うるわしき　やまとのみずよ
あまてらす　おおんかみより
さずかれる　たかあまはらと
ひのもとの　かたききずなを
つながれる　とうときやくめ
たゆみなく　なしつづけらる

ちとせへて　ほつまふみにて
ろっこうの　だいぜんしんは
あまさかる　むかつひめとぞ

あかされる　ほこらひらきて
そのみいづ　さらにいやます

あなうれし　くにとこたちの
トノヲシテ　おおやしまくに
ひのもとに　つたえひろめん
ろっこうの　むかつのほこら
トノヲシテ　あめなるみちの
おしえのち　せかいにしめす
みちびらき　あめなるみちぞ
むかつひめ　おおいなるかみ

別章Ⅰ　神託の歪曲？　歴史の捏造か？

ホツマ研究家今村聰夫《いまむらさとお》氏との対談

セオリツヒメ様からこのようなお言葉もお聞きしました。

瀬織津姫　アマノコトネのように本当のことを伝えてくれる人が出てきたことは、私たちにとってうれしいことです。アマノコトネのお名前は我らが一致して送りましたものです。高天原の理《ことわり》を音により示せ、というその名のとおり働いてくれております。

我々より後の世の人々がやったことの報いが、今の世に響いております。我らは後の世の責任まで取らされているので、後の世のことと、我らが生きた時代のことを分けたいのです。記紀が出来たのには、人の世として大切な何かの理由があったと思います。しかし、我らのことにたいしてのあらぬ捏造が許されたわけではないはずですが、見えない世界のことゆえ、かなりな扱いを受け、それが後世までまことしやかに伝承されているのです。結果良ければすべて良し、としてきた、大きな御心のオオン神の元のありがたさでございましょう。しかし、肝心なところでの捏造は、神と敬う方々に失礼だと思います。

我らの時代、岩も生きている者として、扱われました。全てが神でありました。時を下りますと、我ら神上がりしている者を、政治の世界に使おうとする族が数多く現れ、サニワと称して、思うとおり人心を操る者も現れました。最後に狂うという者も多かったのです。それは天罰というものです。我らの時代、卜《ぼく》などというものは、必要はありませんでした。我らの心はもっと純粋であったのです。

［2015年1月9日］

幾度も外来の民は、我らの歴史に茶々を入れてまいりました、しかし我らが使います音

＝言葉に力があります。我々は最後の砦が崩されない限りにおいて、問題とはいたしません。これさえ崩されなければ大丈夫なのでございます。「トノヲシテ」を世に広める時は、ヲシテ文字をカタカナに直して、必ずわかりやすい注釈を付けてお広めください。

［2015年3月8日］

我らが伝えたいトのヲシテをしっかり重んじていただき、これを、一刻も早く世に出してください。書に残すことの意味はそこにあります。

［2015年3月9日］

このお言葉にあるように、神々のことが後の人々によって捏造され、大きな誤解が生じています。

またトノヲシテの持つ強力な力と、トノヲシテをわかりやすく世に広めていくことの重要性も説いていらっしゃいます。

私は、かねてより気になっていた武内宿禰《たけのうちのすくね》・神功皇后・応神天皇の時代、外患迫りくる一大国難の時代の記紀における記述に対して、特に捏造めいたものを強く感じていました。つまり、歴史の捏造は、記紀の時代ではなく、ホツマの完成直後よりなされた可能性があるのではないかと思うのです。そこでホツマの流れに基づきながら、全く斬新な視点でこの時代の考察をされている今村聰夫さんにお聞きすることにしました。

大江　今村聰夫さんは、長年にわたってホツマを研究されている方で、『検証ホツマ』の主筆を担当し、2015年9月には著作『はじめてのホツマツタヱ　天の巻』を出版されました。2014年の春には、神戸六甲にお招きしてセオリツヒメ様の磐座にもご案内させていただきました。

ところで『検証ホツマ』60号の今村さんの研究論文「ホツマツタヱの地理的考察」には、武内宿禰・神功皇后・応神天皇の時代について、従来の定説を覆すような説を展開されていることにたいへん驚きました。

ヤマトタケ様のご生誕地が、ムカツヒメ様の祠の真西に位置します。ちょうど国難が到来し、国内の統一を図らねばならない時に、それに尽力されたのがヤマトタケ様です。そして、ヤマトタケ様の御子である仲哀天皇の后、神功皇后を輔弼《ほひつ》して海外との難しい軍事・外交交渉をなされたのが武内宿禰と伝わります。私は、歴史上最大の国難の一つが到来したその時代に、セオリツヒメ様をはじめ、高天原の全ての神々が並々ならぬお力を発揮された、と確信しております（特に表立ってはいないのですが、トヨケ様、アマテラス様が国家の重大事に大きなお力をお出しくださっているのは間違いないと思います。なぜなら日本の代々のスメラミコトの御頼みをお聞きくださるのが、この伊勢の二神であり、そのために宮中祭祀が現在まで大切に継承されているからです。今上天皇、皇后陛下も宮中祭祀の重要性をよくお心得になっていらっしゃいます）。

『日本書紀』にも、神功皇后のところで、セオリツヒメ様がムカツヒメの御名で登場し、その御神託が武内宿禰によって降ろされたことが記されています。神功皇后はありとあらゆる神の力を借りようとしたのでしょう。ところが私は以前より、御神託の内容が不審なものと強く感じておりましたが、このたびのセオリツヒメ様のお言葉から、神がかりした神功皇后のサニワにおいて、武内宿禰が御神託を歪めて伝えてあるいは捏造して、神功皇后をうまくそそのかしたように感じるのです。

日本書紀では仲哀天皇があたかも御神託に従わなかったことが崩御の原因であるかのよ

うに描かれています。そして、武内宿禰のサニワにより、その御神託を下された神の御名がムカツヒメであると判明した、とあります。またそのあとには「神功皇后の船ただちに難波を指す。時に皇后の船海中を廻りて進むこと能《あた》はず。また務古水門《むこのみなと》に環《まわ》りてこれを卜《ぼく》す。ここに天照太神誨《おし》へて曰《いわ》く、我が荒魂、皇居（または皇后）に近づくべからず、まさに御心の広田の国に居らしむべしと」と記されています。

古事記・日本書紀では、セオリツヒメ様のことはほとんど記されていないのですが、一箇所だけ、ご神霊としてご登場された瀬織津姫様に対して、このような描き方がされていることが、腑に落ちません。本書のセオリツヒメ様のお言葉から判断できるように、高天原の神々が、神託に従わないという理由で、天皇を死に至らしめることなどなさるはずはありません。これは間違いなくご神託の歪曲、もしくは捏造と捉えるべきでしょう。わずかに記されたセオリツヒメ様に関する記述をそのままにしておくわけにはいかないと思っております。

もちろん、トヨケ様、アマテル様が女性にされたり、ワカ姫様のこともほとんど記されていなかったり、住吉の神であるべきカナサキ様のことが一切記されていなかったり、ななど、神代の時代の史実の歪曲は枚挙にいとまがありません。

今村　熊襲《くまそ》討伐を目的に遠征した朝廷軍において、仲哀天皇の崩御という事態は全面敗北を意味していると思います。遠征出発から熊襲討伐を実行に移すまで、豊浦で5年を費やしているのは、朝廷軍も容易に近づけない強力な敵だったことを物語っており、熊襲討伐を目的とする遠征だったことは明白です。

神託に従わなかった仲哀天皇に罰が下されたとするのは、神託の内容に意図的なものを感じ、歴史の造作と考えます。

天皇崩御の後に、神功皇后と武内宿禰は朝鮮出兵を行い、九州へ帰還後に誉田別皇子《ほんだわけのみこ》(応神天皇)が誕生しました。その後に大和を目指す皇后・武内の軍に、天皇崩御を知った香坂《かごさか》・忍熊《おしくま》皇子が挑みますが、打ち破りました。遠征先で天皇を失った朝廷軍の状態を考えると、軍は崩壊して将兵は離散し、大和へ逃げ帰る場面が思い浮かびますが、逆に中央の軍隊を率いて待ち構える香坂・忍熊皇子を打ち破ったという結果から見て、武内宿禰は密かに熊襲と和睦し、逆に熊襲軍から支援を受けたと考えるしかないでしょう。

神功皇后が仲哀天皇の子を身籠っていたのは事実と考えます。生まれ来る子が皇子であれば皇位継承権第1位であることに武内宿禰は賭けたと思えるからです。朝廷が熊襲の傀《かい》儡《らい》になったとしても、正当な皇位継承を守ることを最優先したと思うのです。

このように考えることによって、歴史上の最大の疑問が合理的に解消できます。熊襲が武内宿禰に突き付けた和睦の条件が見えてくるからです。即ち、中国からの渡来系氏族である熊襲は、日本を漢字使用国家に変えることと、朝廷の主要ポストを弥生人で占め、天皇の系統に弥生人の血を加えることを要求したのです。

武内宿禰はこの要求を受け入れ、この和睦事実を隠すとともに、生まれ来る子が成長して政権を担うまで、神功皇后の名の下に政権を維持する必要から、また生まれ来る子が皇女だった場合にも対処できるよう、歴史を改竄《かいざん》して天照大神を女神に変える発想を得たのだと考えます。天照大神を女神に変えるには、神武天皇より以前の歴史を全て神話化し、また天照大神の素性にからむ記録は全て改竄し、周辺の人物は隠したり入れ替えたりしなければなりません。古事記・日本書紀はこのような作為の下に編纂されていると実感されます。

ご質問のとおり「古事記・日本書紀では、セオリツヒメ様のことはほとんど記されていない」、また「トヨケ様、アマテル様が女性にされたり、ワカ姫様のこともほとんど記されていなかったり、住吉の神であるべきカナサキ様のことが一切記されていなかったり」等々の疑問点はこの考えによって、全て説明ができていると思います。

大江　そうですか。武内宿禰の歴史改竄は、私が思っていた以上に、ドラスティックになされたわけですね。そこまでするとは思いもよりませんでした。神を神とも思っていなかったのでしょう。

武内宿禰はホツマにも登場し、5代の天皇に仕える役目をされていた、とあるので、よほど超人的な力を持つ優れた政治手腕を持つ方、と以前は思っておりました。しかし、お話からすればもともとからの個人的権力欲が相当強かったのでしょうね。あるいは、渡来系の熊襲に丸め込まれてしまって道を誤ったのかもしれませんが、いずれにしても残念です。真実は真実として受け入れなくてはなりません。

また、セオリツヒメ様のお力に依拠しようと、セオリツヒメ様の関連の各地にピタリと足跡を残している神功皇后の伝承も、誇大に創作されているような気配をずっと感じておりましたが、これで腑に落ちますね。

それでは、以下のような捉え方でよいのでしょうか。

天照大神和魂（アマテル様）を宮中の賢所《かしこどころ》に、そして、天照大神荒御魂（セオリツヒメ様）を廣田に分けて、セオリツヒメ様を宮中から切り離したのも、武内宿禰ではないかと、今村さんは「ホツマツタヱの地理的考察」（『検証ホツマ』60号）で推定されています。その根拠は、大正天皇の皇后陛下が、「神ながらの道」の中で「宮中の賢所は、応神天皇の御時から天照大御神様として和魂のみを御祀り申し上げ、之に応じ給う荒魂は摂津の官幣大社廣田神社に御祀り申し上げてございます」と指摘されていることからですね。

仲哀天皇を、おそらく武内宿禰によって歪曲された偽りの神託に従わないことをもって崩御に至らしめ、仲哀天皇と大仲津姫《おおなかつひめ》の御子、香坂王《かごさかおう》・忍熊王《おしくまおう》を、事実上、武内宿禰は死に追いやり、70年の大空位時代を経た後に応神天皇を即位させ、トノヲシテのホツマを無視、あるいは軽視して歴史を改竄したのではないか。応神天皇は、ただ、母である神功皇后と武内宿禰が命ずるままに行動されただけにすぎないように思われます。全国各地に神功皇后・武内宿禰の名を残す旧跡があまりにも目立ち、また、歴代天皇の一人でありながら、他の神々や天皇と比べて、応神天皇を祀る神社の数がはるかに突出していることも、意図してなされたもののように思います。

私は、古史古伝といわれる数々の書物も、本来ならば全国各地の神社や神話伝承と整合性があり、親和性の最も高いホツマに沿った描かれ方がなされていて当然と思うのですが、そうはなっていません。それは記紀よりずっと前に、すでに諸々の歴史書の改竄が一斉に行われていたがためではないでしょうか。日本書紀で合計11種類の歴史書が部分的に掲載されているにもかかわらず、その内容がホツマと著しく異なるものが多いのは、武内宿禰が検閲をかけたことによるのではないかと思えてきます。武内宿禰は時の朝廷を牛耳り、天皇をも見下していたのではないでしょうか。このような高天原神界への反逆行為に対してはおそらく神罰が下されたものと思います。

今村　大江さんがお考えのとおり、応神天皇即位までの70年の大空位時代を埋める神功皇后の摂政を正当化する目的で、ホツマの歴史を改竄してアマテル神を女神に変えたのだと小生は理解しております。

それでは時代に沿ってご説明いたします。

熊襲の頭目は自身で朝廷に乗り込んで支配する意思はなかったようで、あくまでも、一族や同盟氏族の中から人材を朝廷に送り込み、后妃の多くを弥生人で占めさせたと思われます。

漢の光武帝が金印（漢委奴国王）を授けたのはＡＤ57年（垂仁天皇86年）で、金印を受けたのは、松野連系図に載る熊鹿文（クマカヤと読むか）という人物です。

熊鹿文の名の脇には、姓姫子　称卑弥子　熊溓津彦と書き添えられており、中国向けに姫子姓を名乗ったようです。

その子がホツマ38紋に登場するアツカヤ（厚鹿文）で、父殺しをしたフカヤ（市乾鹿文女）と景行天皇から国造の地位を与えられた妹ヘカヤ（市鹿文女）の名も乗り、またアツカヤの弟の子でヘカヤと結婚し、後にヤマトタケに殺されたトリイシカヤ（取石鹿文、号川上梟帥）の名もあり、年代的にも整合します。

ヤマトタケが遠征した後に、熊襲（姫子氏族）を率いたのは、フカヤ・ヘカヤの弟である宇也鹿文（ウヤカヤと読むか）で、その3代後から倭の五王時代に入り、讃《さん》・珍《ちん》・濟《せい》・興《こう》・武《ぶ》と松野連系図は続きます。年代的には倭五王の前に卑弥呼が居たはずですが、系図上で検出できないので、資料として一抹の不安はありますが、小生は系図を本物と判断しています。

熊襲は天皇という名称を廃して直接日本国を支配することは不可能と考えていたらしく、一貫して中国の権威を借り、倭王として天皇に取って代わることを意図していたようです。けれども倭五王時代を頂点として、後には中国との関係も薄れ、倭王武から3代後の牛慈という人物の添え書きには、金刺宮御宇服降（欽明天皇に降り服した）、また為夜須評督とあり、九州土着の豪族として、夜須地方の官職に就いたと受け取れます。

熊襲が天皇政権を傀儡にしてから300年以上経過した時代であり、既に朝廷の中枢に深く根を下ろしている和珥《わに》氏との勢力争いで、反欽明派に組して敗れたと受け取れます。

小生は「かくて歴史は神代から現代までつながった（二）～（四）」（『検証ホツマ』67号～69号）で、欽明天皇即位前の時代における歴史の闇に光を当てようと、3回にわたって同一テーマを取り上げましたが、この時代にも熊襲の後裔が顔を出していることで、天皇に血を送り込んだ弥生人同士が朝廷内で勢力争いを繰り広げてきたという、歴史の連続性を思わずには居れません。

というわけで、小生は人の精神は遺伝子によって受け継がれるものと判断しています。現代の日本人は弥生人の血が60％以上を占めているようですが、男系遺伝子を二千年以上遡って縄文人に行き着く人は、ホツマツタヱの価値観を強く受け継いでいると思います。ただし、精神とは教育や環境にも影響を受けるものですから、Y染色体ハプロタイプの研究がよほど進んだ上でなければ、学問的に証明することはかなわないと思います。

大江　現代の科学的論証法も含めて詳細な歴史的な解説をしていただき、ありがとうございます。さて、その約300年後に、母方が渡来系、秦氏の血筋をも引いていると考えられる聖徳太子が、大仲津姫・香坂王・忍熊王をご供養するために、中山寺ほかの寺院をムカツ峰（六甲山）の東側に建立されたものと、推定しております。

今村　聖徳太子が秦氏の血筋を引いているとのことですが、「秦」を「広辞苑」（第1版）

で引いてみましょう。

「応神天皇の時、帰化人の子孫に与えられた姓。初め仲哀天皇の時、秦の始皇帝三世孝武王の裔という功満王が来朝し、次いで応仁（応神？）天皇の時、その子弓月王（ゆづきのきみ）（融通王）が百二十余県の人を率いて帰化。仁徳天皇の時には、これらの帰化人を諸国に分置して養蚕・機織の業に就かしめ、弓月王の子普洞王に秦氏の姓を賜い、また絹を織って献じたので太秦《うずまさ》の姓を賜った」とあります。始皇帝の後裔も、熊襲の手引きで渡来したか、または渡来後に熊襲の支援を受けて弥生人同盟に加わって朝廷に入り込んだものと小生は判断します。

聖徳太子は、父帝の用明天皇から縄文精神と価値観を強く受けて育ったと感じられます。

大江　武内宿禰の孫、平群真鳥《へぐりのまとり》が著したとされる竹内文書に、第22代天皇として、天疎日《あまさかりひ》向津比賣身光《むかつひめみひかる》天津日嗣天皇《あまつひつぎてんのう》が天照大神として記されているのは、男神のアマテル様を消し、ムカツヒメ様を女性天皇として、過去に女性天皇の事例もあったとして、神功皇后の天皇即位（実際は即位はしていないそうです）を正当化する目的もあったものと思われます。

このことから、竹内文書が、武内宿禰の価値観に基づく、歴史改竄の意図のもとに作成されたものではないかと推定されます。思いつきで一つ嘘を始めてしまうと、嘘の上塗りをしなければならなくなったという哀れな話のように思います。確かに、今の世の中でも嘘がまかり通っています。政治と権力という魔物に憑りつかれた人々は歴史上枚挙にいとまがありません。

ある意味、日本の国の歴史が嘘で塗り固められている、といっても過言ではないように思います。

高天原神界の御意志を、心を研ぎ澄ましてお聞きして、その御意向に従った国づくりを進めることが大切ですね。

今村　竹内文書を詳細に読んだことはありませんが、今思うと、ホツマツタヱ改竄のドラフト的な面を持ち合わせているのではないかと感じられます。

大江　武内宿禰について、もう一つお伺いいたします。景行・成務・仲哀・応神・仁徳の五朝に仕え、280〜360歳まで生き永らえ、ホツマツタヱにも、「身を治《し》る業《わざ》の　幾《いく》多《さわ》に　歳長《としなが》らえて　万人《よろひと》の　道の標《しるべ》と　現《あ》る文《ふみ》を　代々《よよ》に伝ふる　タケウチは　ついに中《なか》らふ　道となるかな」などと記されています。関西ホツマの集いの清藤直樹様は、名前の襲名によって、複数の武内宿禰がいたのではないか、と疑問を持たれています。それとも同一人物で長命だったのでしょうか。

今村　『検証ホツマ』75号千葉富三氏論文によると、アマテル神は548歳まで生きられたことになります。現代人にとって常識の外にあるこの寿命問題は、ホツマ研究における最後の難題となるでしょう。小生は、この難題を解く理論は必ず存在すると思います。最新科学でもまだ究明しきれていないDNA学にその可能性を感じています。

ホツマにはアマテル神以外にも、現代の常識を超える長寿の人が数多く登場します。これらの人は、長生きの遺伝子を持つ特異体質だったと思うのです。DNAの解析が進めば長生きの遺伝子が見つかり、その遺伝子を活性化させて寿命を延ばす方法も開発される可能性があると小生は考えます。

武内宿禰は長寿の道を習得したことがホツマツタヱに記載され、ホツマが完結して隠された後の武内宿禰の活動と長寿が日本書紀に記述されているのです。

ホツマツタヱを精読すると、長生き遺伝子を活性化させ特異体質を得るにはコツがあり、そのコツを得れば、本人も他人もそれを知覚できる顕著な兆候が表れるものと受け取れます。アマテル神は説話の多くで、そのことを国民に知らせ、何とか長寿を得るコツを得させようと努力されているように読み取れるのです。

大江　もしかすると影武者を立てていたのかもしれませんね。

九州にある警固《けご》神社は、武内宿禰・神功皇后の時代に創建された神社です。大和明日香村の甘樫坐《あまかします》神社は武内宿禰の創建神社で、いずれも、セオリツヒメ様を貶《おとし》める神名である、禍津日《まがつひ》神として祀っている神社であることがわかりました。そのほかにも、オシヒト様＝天忍穂耳命様のことを「忍骨命」と表記する九州の香春《かはら》神社もありますが、そこにも神功皇后が祀られています。瀬織津姫様を天照大神荒御魂として、何か荒々しいイメージを持たせるように仕組まれたのもほぼこの時期からではないかと思えてきます。これらのことから、このような侮蔑的な神名を後世に残そうとしたのは武内宿禰ではないか、と疑問が湧いてきました。あるいは、他の誰かであったのでしょうか。

今村 ご質問に適切な答えではないですが、小生の考え方を申し上げます。武内宿禰には、その後の朝廷運営に関して、さまざまな葛藤があったものと推察されます。それは、熊襲から突き付けられた和睦条件に沿った政務を遂行しているか、常に弥生人集団の監視の目があり、一方では、縄文人の血を受け継いでいる自身の良心の呵責との板挟みです。

日本書紀応神天皇九年条には、弟とされる甘美内宿禰《うましうちのすくね》から「天下を望んでいる」との告発で殺されそうになり、壹伎直《いきのあたい》の祖眞根子《まねこ》という者が武内宿禰の無実を証明する自殺を遂げ、弁明を天皇が聞き届けたことから、探湯《くがたち》で決することになり、勝って弟を殺そうとすると、天皇がそれを止めて許した。このような記事は、本質を隠しながらも、何らかの事実を含んでいると小生は考えます。この不可思議な日本書紀の記述によって、小生は次のような考えを持ちました。

敗軍の将である武内宿禰は勝者の熊襲と和睦する上で、ヲシテを廃し漢字使用国家に変え、弥生人を朝廷の要職に就ける等の要求を全て受け入れることを代償として、天皇の血流を命懸けで守ったのではないか、という考えです。

大江　武内宿禰の探湯の件は、にわかに信じがたい話ですね。武内宿禰の出生地も、私は和歌山市松原とばかり思っていたのですが、よく調べてみると諸説あるようで、佐賀の武雄市ではないかという説も有力です。ホツマにも武内宿禰自身の功績が記されるように改竄した可能性もありますね。そうするとどこからどこまで信じてよいものやら、という思いが強まってきます。

今村さんもご指摘のとおり、確かに歴史時代以降、初めての大規模な渡来系勢力を相手とする困難な時代に立ち向かううえでは、敵となる勢力とのさまざまな妥協策も取らざるを得なかったものと推測されます。またそれこそ、できるだけ武力を用いないで、相手と和すことで難を切り抜けて、平和的に治める国常立命の建国以来の精神であり、天照大神の三種の神器に示される政《まつりごと》の根本精神です。トノヲシテの精神からそれることなく和す姿勢を貫くことが、結局は国を守るための最善の策ですね。

今村さん、質問に一つ一つご丁寧にお答えいただきありがとうございました。

別章Ⅱ　瀬織津姫の御神託によせて

アマノコトネ

私はホツマツタヱを学んでおり、その言い伝えを信じております。今回読み取らせていただいたセオリツ姫様は、巷間に流布する他の書物などに見受けられるセオリツヒメとは違うとお感じになる方もおられると思います。

日本人の「私たちはどこから来たの？」という疑問に対して、私たちの祖先は間違いなくこの日本の土地に昔から生活していた人々であり、その知的能力においてはたいへん高いものがあったといえます。その根拠として五・七のヲシテ文字で書かれた「ホツマツタヱ」や「フトマニ」などがあげられます。諸外国にはない文化と文明の香りを後世の我々に伝えており、日本人が誇りを持って語ることができる一つの証ではないかと考えられます。

時間軸から考えますと、「ホツマ」の世界は紀元前１５００年から１２００年前ごろのことと推察されます。

皆様よくご存じの、三内丸山の遺跡は今から４０００年から５５００年前あたりでしょうか、何と言っても伊豆七島の石が、三内丸山に運ばれていたという事実を見ますと、海上運送も盛んに行われていたと思われます。さらに出土した装飾品の数々の中にあるヒスイは糸魚川の産物であり、その技術の高さに驚嘆いたします。古代日本の人々の生活を思いめぐらしますと、ただ単に我々日本人が文字も言葉も文化も文明も持つことのない人間だった、とは思えないのです。三内丸山をみても、４０００年から５５００年前にそこには人間の生活があったのです。神武天皇より前の人々の歴史は神代という形で認識させられています。「日本国語辞典」の解説によりますと

神代（かみよ）

神話の時代という意。日本神話では、神武天皇の在位する以前までの時代（紀元前６６０年以前）のことを指す。

となっております。そのころには現在神格化された尊い方々が生きておられた。我々日本

人のDNAの中に少なからず神様が生きておられる、と捉えても間違いはないと考えます。少しでも我々の祖先のことが知りたいという欲求が高くなるのは私だけなのでしょうか。

今回質問をしてくださいました、大江幸久氏は「ホツマツタヱ」をベースとする神話伝承研究家です。研究している中で、前から疑問としていた大祓えの祝詞にもお名前が見受けられるセオリツ姫様にお答えを頂くという形で御協力することになりました。大江氏は兵庫県の六甲山でセオリツヒメの祠《ほこら》を見つけられた方です。私も六甲に参りました時、この祠に詣でました。この時、私がiPadで写真を撮ろうとした画面に一瞬御姿を現され「あっ。セオリツ姫が……」と言ったとたん、画面からその御姿が立ち消えました。横でその一部始終を見ておられたN氏もびっくりして「消えた。消えました」と連呼なさったほどです。その後、大江氏が祝詞[*1]を挙げられ、私とセオリツ姫様とのお付き合いがここから始まりました。

昨年（2014年）シタテル姫＝ワカ姫の聞き取りをさせていただいた時は、かなりストレートに上からお言葉が降り、そのお言葉をもらさぬようパソコンに打ち込みました。

その聞き取りを基に早川須美子（SUMIKO！）さんが物語[*2]を書かれました。私は、さすがにワカ姫様の、和歌攻めの6か月間には驚きを覚えました。今回のセオリツ姫様の聞き取りは、ほぼ全て大江氏の質問にセオリツ姫様が答えられたものをそのまま文字にいたしました。

今回、我々にセオリツ姫様を介しての高天原からの御伝言は、まず『トノヲシテ』をこの現代に拡めよ」という御命令でございました。

次に「メ（女）の道の素晴らしさ」が、かつて、この日本の国にはあったということと、現代の日本女性が、このことに気づいてくれたら、そしてこの「メ（女）の道」を学んでくれたら、きっと、この国は立ち直るであろうというお話をいただきました。

微力ではありますが、皆様にお伝えするのが天より、天《あま》の事音《ことね》（天界の理《ことわり》や事柄を音としてコトバとしてこの世に降ろすお役目）という名前を頂いた私の使命であると心得ます。

初めに大江氏からのご質問を夜遅くに受け取り、それに目を通します。それを原稿用紙にコピーするという方法をとりました。そして翌朝2回この原稿を読み直すとはっきりした回答がセオリツ姫様から降りてまいります。初めは私も大江氏もどう対処したらよいかわからず、戸惑いもありましたが、たいへんご丁寧で的確なお答えを頂き、またその明快さに舌を巻きました。また御自身のご性格や御立場も語られ、お答えには「高天原」という所から強い御働きが打ち出されておりました。それに感応している自分に緊張を感じ、一言一句逃さぬようこのお役目に取り組みました。大江氏も私も、セオリツヒメ様とのお話が進んでいくにつれ、この地球の上に住む人類それぞれが持たなければならない、知らなければいけない真実を学ばせていただくこととなりました。

我々の使っている現代日本語の基は古代に使われていた日本語なのかもしれませんが、実際にはまるで違うものです。古来、神々と呼ばれる尊い方々が使われていた言葉には、大きな力が宿ると言われております。それは全ての音に神が宿ると言われているからです。言葉は宝物のように扱われ、神への言葉は無声で行われるほどでした。セオリツ姫様とのやり取りは波動となり、私を介して現代語として伝わってくるのです。古代の人からしたら、今使われている言葉は、まるで理解できない外国語のようなものらしいのです。それにより、お互いの意思の疎通に時間がかかりました。

平成26年12月16日から平成27年4月14日までの4か月の間、セオリツ姫様とのやり取りはほぼ連日連夜続きました。その中で高天原のことが話され、やっと納得ができたことがいくつかあります。

私たちの日本という国を守っておられるのは天照大御神を中心とした高天原という所で、私はそこから読み取りをさせていただいているのだということです。

高天原の世界は皇室の祈りが続く限り保たれているということを皆さんはご存じでしょうか。高天原がなくなるようなことがあると日本がなくなることと同じであり、地球の見えない世界のバランスが崩れ、それは即座に見える世界に多大な影響が起こることだと教えていただきました。皇室の大切さを知らない日本人が増えているこの国で、皇室の祈りの重要性をいかにしたらわかっていただけるかということも含めてセオリツ姫様との交信を続けました。なぜに皇室が神事を司ってこられたかにその答えがあります。日本の天皇は神の末裔であり、外国の王とは違います。世界の平和と我が国の安寧、国民の平安を高天原に祈っておられるのです。何とありがたいことではありませんか。我々はこの国の国民として、天皇陛下とともに世界の平和と我が国の安寧、そして国民の平安を御祈りしなければならないのではないでしょうか。願い事ばかり重要視してはいけません。本当の感謝の気持ちを神々にお伝えし、いつも平穏に暮らしていけるように、祈り願う必要があると思います。

『ホツマツタヱ』には尊き御教えが多くあります。この度は「トノヲシテ」と「女道《めみち》」を世に広めるようにとの仰せでありますので「トノヲシテ」の解説は大江氏にお任せして、私は「女道」をセオリツ姫様からお教えいただきました。

セオリツ姫様から

オオン神は私に次のようにノコシノリされたと伺っております（ノコシノリとは申し送り書のことです）。

「ヒロタに行ってワカヒメの御心霊と共に、女意心（オンナノイゴコロ）を守り全うしなさい。私は豊受大神の神あがりされたこの地（丹後久次）のマナイでサルタヒコに穴を掘らせて罷《まか》ろうと思う。我は豊受大神と男（オセ）の道を守らん。これ伊勢（イモオセ）の

道なり」（ホツマツタヱ28紋に書かれております）

このお言葉に従い、私はここヒロタを守りの地といたしました。地の利の良いこの場所で日本全土に散りました子供たちの行く末を守り、尊き血を絶やさないように見守りますのも我らの務めでございます。

子孫繁栄を見守ることは、国の宝である子供を、疫病や災害から守る大切なお役目でもございます。また私が申します「メ（女）の道」とは、トノヲシテを守り、良き国づくりをするのに、メ（女）の力は欠かせないものであるということです。イモセの道とは夫婦の道のことですが、どちらの力もなければ良き国づくりもできないのです。かつて「メ（女）の道」の素晴らしさが日本の国にはあったのです。それは教育ということが行われたからこその「メ（女）の道」でありました。女の嫉妬や欲を諌《いさ》める講話も行われました。女の立ち居振る舞いは「ミヤビ」を通して学ばれ、教養は和歌や琴を奏し、舞を舞うことで身につけていきました。それとともに感性の力も養われました。子供も行儀作法、言葉づかいなど幼い時より、基礎となるアワ唄の指導もされました。生活の指導は宮内と一般人とは違いましたが、一人前の人になる教育は徹底されたのです。この「メ（女）の道」

に今の日本の女性が気づいてくれたら、目に余る子殺しなどという行為は起こらないはずです。

質問1 今の女性教育の何処《どこ》に危機感を持たれたのでしょう。

セオリツヒメ様

まずは言葉の汚さでしょうか。ミヤビを感じることができないのは残念です。この国の土台となる立派な子供を育てる教育を考え、真剣に我が子を教育している人が、今この国にどれほどおりますでしょうか。次代を担う子育てを真剣に考え教育に取り組んでいる人がいるのでしょうか？　我らの時代は一人一人に愛情を持って、親も周りも丁寧に育てることができました。

質問2 私も昨今の事情に頭を痛めております。「ミヤビ」と言いますか、日本女性の持つ、たおやかな立ち居振る舞いがなくなっているように思えます。どのようにお考えでしようか？

セオリツヒメ様

教育というものの大切さは男も女も変わりありません。美しい振る舞いや美しい言葉づかいは、今の世にも通ずる女性の教養や知性の表れのはずです。母となる女の全てが子供には重要なのです。甘えではない愛情で磨けば磨くほど子供は立派に育つものです。母となる女にこそ今は教育が大切であろうと考えます。

今回何故に「メ（女）の道」を御取り上げになるのか、はっきりとわかりました。一人でも多くの女性たちがセオリツ姫様の御意志を汲んでくださることを心から願っております。誠にありがとうございます。

「メ（女）の道」とはっきりスポットを当てていただいたおかげで、私の周りの女性たちに話をしてみました。20代の女性から80代の女性を対象にしました。皆さん、世の中が良くなるのなら「メ（女）の道」をまっとうしてみたい。世直しのお手伝いをしたいという心強い返事がありました。

さらに、是非現代の「メ（女）の道」を世に示してほしい、という声がたくさんの方から寄せられたのです。やはり、心ある日本の女性たちはまだ健在だったのです。セオリツヒメ様のお力をお借りして日本の女性たちに一条の光を頂けたら、私の天命がそこにあるのならば、と筆をとりました。

平成27年　アマノコトネ

＊1　祝詞　ここではアワ唄のこと。

アカハナマ　イキヒニミウク　フヌムエケ　ヘネメオコホノ　モトロソヨ　ヲテレセヱツル　スユンチリ　シヰタラサヤワ　の48音からなる。一音一音が神である。国の乱れは言葉の乱れからであるとして、イザナギ・イザナミはこの歌を広め、日本の言葉を糺《ただ》すために全国を行幸《ぎょうこう》された。

＊2　『隠された言霊の神　ワカヒメさまの「超」復活！』ＳＵＭＩＫＯ！、アマノコトネ、宮﨑貞行共著　ヒカルランド　２０１４年発刊

別章Ⅲ　トノヲシテと現代

大江　幸久

昨今の在野の多くの研究者の方々の実地調査、文献調査の進展によって、ホツマへの信頼性はますます高まっています。

全国各地の神社・神話伝承、寺院の縁起などとの関連で、神々の足跡を辿っていくと、記紀その他の古史・古伝の中でも、ホツマの内容は、ずば抜けて整合性を有しており、他の史料とも高い親和性があることは、少し比較検討したことのある人であれば、否定しがたい事実です。にもかかわらずアカデミズムの研究者の誰一人として、この事実を一顧だにしないとはいったいどういうことなのでしょうか。

本書で多くの真実をお知らせくださった瀬織津姫については、ホツマと大祓祝詞の慎重な検討抜きには何も語ることなどできません。ホツマを前提にすればその意味を容易に理解できる大祓祝詞の内容も、記紀を含む他の古史古伝では全く意味不明となってしまいます。この事実を無視、軽視し、ホツマの十分な検討なくして瀬織津姫を知ろうとするいくらかの試みは、出発点から誤っていると言わざるを得ません。

「このヲシテを口にすることによって、人々がそのことに触れ、変わっていかなければならない時代が来ているのです。何が良いことで何が悪いことか、何をして良く、何をしてはいけないのかを皆に伝えているはずなのです」（セオリツヒメ様からの御聞き取りより）

このたび、アマノコトネ様を通じて、セオリツヒメ様より貴重な機会を頂戴し、ホツマに記された神代の時についてさらに詳しいことや、高天原と皇室との関係の大切さ、我々が何を礎として国を作り、生きていくべきか等々についてお知らせくださいました。

神社の鳥居の二つの柱、これは、イザナギ・イザナミの時代からあるものですが、一つは、国常立命[*1]の教えであるトの教え＝トノヲシテ、そしてもう一つは、トの教えに従わない人への戒めとしてのホコ[*2]を示していることがホツマには記されています。

遠き御代の国常立命の治世は、素直で正直な人々が平和に暮らす社会でした。四十八の言霊神を元としたトの教えと、人々が平和な社会を築き、保っていくための宇宙共通の不変の真理、つまり宇宙根源神、天御祖神[*3]（アメミオヤカミ）の宇宙の法則に則《のっと》った国常立命の教えに従い、受け継ぐだけで世の中がうまく治まっていた時代が長く続きました。トホカミヱヒタメの八神[*4]のうち、トの神の系統がトの教えを広めて日本国を統治していきます。

ところが平和な暮らしを保てた世の中でしたが、交通技術の発達、生産力の発達、そして、トノヲシテの思想を持たぬ海外からの渡来者の増加も大きなきっかけとなったのでしょう。世が乱れる何らかの原因が発生しました。

人々が共同して生産・管理していた作物を横取りするような輩が現れてきました。あるいは人口増大、天候不順などが起因して作物が全ての人々にいきわたらない状態が起こったのかもしれません。

ここに、トノヲシテ＝トの教えに従わない人々を、今でいう警察権で取り締まる必要が起きました。そして、刑法のもととなるようなものも出来上がっていったのでしょう。いったんトノヲシテからそれた者たちも、再教育によって、世のために尽くす人へと更生されたものと思われます。しかし、さらに悪質極まりない輩が登場し、重い刑罰を科さなくてはならない必要が、そして場合によっては、死罪もやむなし、というレベルにまでその必要が高まった時代となっていったのが、トの一族6代天神《あまかみ》オモタル・カシコネの時代でした。

当時、人を処刑する手だてはなく、斧が使われていました。このホコに比重を置かざるを得なかった事態が災いし、オモタル・カシコネには世継ぎの御子が誕生することなく、世の中は乱れに乱れていった、とホツマにはあります。

これに危機感を抱いた、タの一族の豊受大神は、イザナギ・イザナミの治世によって世の立て直しを進めていかれたのです。国常立命の教えを広め、全国各地を回って、農業生産力を向上させ、乱れた言葉を直すために、アワ唄をお作りになり、人々に広めていかれました。統治の基本はあくまでトノヲシテであり、それを守らぬ者が現れた時にそれを綻《ほころ》ばす消極的な手段としてホコを以って補う、それがイザナギ・イザナミの時代でした。

次に豊受大神は、ご自身の思想を受け継いで、長きにわたり日本国を統治し、後の世の手本となるべき理想の統治者の登場を願って、東北のイトリ山（山形県鳥海山）にて、天御祖神へ八千回にも及ぶ祈禱をなされます。そうして現在の岐阜県中津川市恵那《えな》神社付近でご誕生されたのが、天照大神です。豊受大神は当然、天照大神の大切な后神として、瀬織津姫ホノコ様のご生誕も、同時にご祈願されていたと思われます。

天照大神は、イザナギ・イザナミの御世のホコをツルギ（剣）に変え、これに、国民＝ヤタミの心を映し出し、自己の善悪を見つめ直す、自省を促すモノザネとして鏡を加え、三種の神器とされました。

三種の神器の中でも最も大切なものはトノヲシテであることは言うまでもありません。これは常に肌身離さぬ、という意味を持ってマガタマ、というモノザネで示されましたが、本来はトノヲシテが記された文書です。トノヲシテは時代や地域を超越した理念であり、平和で健全な社会を作り、維持するための宇宙普遍のルールと言えるでしょう。

ツルギには、後にクサナギノツルギと天照大神が命名されており、戦《いくさ》をすることへの戒めの意味合いが強い名前です。ツルギの名も天照大神が命名されたもので、ツ＝どうしてもトノヲシテに従わないで枯れ尽きる者を、ル＝炎で燃やして、ギ＝気を枯らすことでトノヲシテに従う青人草を生かしていく、という意味を持ちます。

今もなお残っている「お天道様《てんとうさま》が見ている」という言葉は、ホツマに「天成る道《あめなるみち》」「天の道《あめのみち》」として記されています。人の見ていないところで、悪いこと、良心が咎《とが》めることをしても、ちゃんと日輪・太陽の神様がお見逃しなくご覧になっている、罰《ばち》が当たる、という畏《おそ》れの念を子供のころからしっかりと植えつけられてきたものです。このシンプルな道徳観を持つがゆえに、悪いことに手を染めてはならない、という心のコントロールをしてきたことも、ある意味では、トノヲシテとホコの思想の表れ、とも言えるでしょう。

イザナギ・イザナミに始まり、天照大神に受け継がれたトとホコ＝ツルギという心理的（時に物理的）強制で治める、という統治の基本理念は一国で完結するものであったと筆者は考えます。

時代が下がるにつれて、ますます海外の諸国家、渡来する他民族の侵攻の脅威にさらされることとなります。台頭する外国勢力との関係をどのように処理するのか、については、ホツマには記されていません。しかし、今回の御聞き取りで、天照大神と豊受大神が丹後半島にお鎮《しず》まりになった理由の一つが、大陸の脅威から日本をご守護するためでもあったことが明らかとなりました。対外的な守りは極めて重要であり、外交は、なお慎重にも慎重を期すべきものであることは明白です。

和《やわ》す・尽《つ》くすのトノヲシテの思想の及んでいない外国勢力との関係において、ただ単純に、まつろわぬ者たちだからという理由で、ホコを積極的に活用するのは危険極まりない考えです。もちろん、国外勢力が攻めてくる危険があるならばそれに対する十全な備えは必要ですが、むやみにホコ＝武力に依拠した外交政策を取ることは、トノヲシテの思想から導き出されるものではありません。

むしろトノヲシテの思想を日本人の中によみがえらせ、そしてその思想を全世界へと広げていくことが御神意に沿っているはずです。

つまりトノヲシテ＝和す・尽くす、の理念の普遍化が最も大切である、ということです。元来、トノヲシテは、天御祖神によって作られた宇宙普遍の平和な社会形成のためののり（法）でありますが、それは諸外国との密接な関係が形成されている今日においては、日本一国のみでは完結しうるものではなくなってきた、と言えるでしょう。

国と国が衝突すると、それは甚大な被害をもたらします。互いが正当性を主張し、いったん軍事的衝突が始まると、行き着くところまで行ってしまいます。

今回のセオリツヒメ様への御聞き取りで、神代の時代、国内の戦において男性が次々に駆り出された結果、極端に男性の数が減ってしまったことが初めて知らされました。これが、十二后制度を導入せざるを得なかった要因であったのです。戦を交えることにより、必ず意味もなく多くの人命が、特に男性の命が奪われてしまいます。

戦後直後の1945年9月25日、昭和天皇は「……武器を使うことで恒久の平和が確立され維持されるとは思えない。平和の問題を解決するには、勝者も敗者も軍事力に頼らず、自由な諸国民の協調によって達成されるであろう」とご発言されました。それより70年を経た現代、高天原の神々の代表としてセオリツヒメ様は、トノヲシテを世に広めることと、平和を守り、次代を担う子供たちを生み出し、教育するメ（女）の道を復活させることの重要性を最も強調されています。

それは明らかにホコ＝ツルギ、武力によって国家間の諸問題を解決しようという方向に反対されていることを意味します。

日本の建国は、神武東征が最初ではありません。それよりもはるかに昔であり、戦闘の勝利によってなされたものではなく、国常立命による平和的な国づくりによるものであったのです。このことに思いを馳せる時、国家間の関係も、戦争を回避するために皇室・政治家・市民の全日本国民が、多様で多方面にわたる外交・友好関係構築・維持に最大限努力し、トノヲシテ、それに基づく日本の精神文化を巧みに諸外国に広め、ツルギ＝武力を外交・国家間の紛争においては使用しない、という理念を最大限に守るべきではないでしょうか。

日本のてぶり（風儀）は、ウオーゲームの土俵に立つのではなく、トノヲシテ＝和す・尽くす、の思いやりやおもてなしの理念の国際化に努めるべきと考えます。

今こそ、日本の神々が、外国勢力によってもたらされた仏教・儒教との無益な対立を避けて、聖徳太子を通じて神（儒）仏習合の道[*5]を良しとされたのか、よくよくその深い意味を考えるべきでしょう。

大和の国民は、他国と同じレベルの政治・軍事の論理で対応することなく、高天原の神々の意志に従った道を歩むべきです。皇室はそのことをよく御存じで、高天原の御意向に沿った御役割をなさっていらっしゃいます。神代の時代に、トの教えを広めるべき臣《おみ》は、トミ（臣）（＝トノヲシテを広める役人）と呼ばれるようになった、とホツマにはっきりと記されています。国民を代表する政治家は、国常立命の建国精神に立ち返り、皇室の御意向にしっかりと耳を傾け、トの教えを広める文字どおりのトミ（臣）の役割を果たしていくべきです。

ケルトとギリシャのルーツを持つラフカディオ・ハーン＝小泉八雲は、日本人の道徳的精神の高さに驚嘆していました。その根源が何にあるのか、それはどのように継承されているのかを探ってついに、日本人の宗教は日本人の心の中にある、とずばりとその核心を指摘したのです。

これは日本人が生まれながらにそのような心を持って誕生した、ということなのでしょうか。そうではなく、神代以来の日本社会の伝統によって、それがずっと守り続けられ、さまざまな行事、風習等を通じて、特別な学校教育がなくても親子や祖父母を通じて、地域の伝統行事を通じて自然に継承されてきたことによります。

日本人が、ごく自然に社会の中で身につけることのできた日本の伝統を通じて、ごく自然に継承されてきた教えがトの教え＝トノヲシテです。

西洋の個人主義思想が発達している社会や、祖先崇拝のない海外の宗教や伝統は、日本人には奇異に映るものです。仏教ですら、ひとたび日本の国外へ出るならば、祖先崇拝とは無縁の教えなのです。仏教はもともと出家によって家を否定する考え方なので、祖先崇拝という考え方はオリジナルの仏教にはなく、日本で広めるために神道が担っていた祖先崇拝の行事を仏教が役割分担したという経緯があるのです。

ところが、戦後直後からのアメリカによるＷＧＩＰ*6に基づく思想洗脳政策によって、軍国主義思想とともに、それ以前からの日本の伝統的な大切な考え方がほとんど全て消し去られてしまいました。

とはいえ、その古くからの考えの片りんは日本社会に深く浸透しており、また、折々の年間行事などを通じて、風習や儀礼を通じて、その深い意味はあまり意識されていないものの、ずいぶんと弱くなりながらも辛うじて保たれてきています。

人の良心の中にトの教えは生きています。忘れかけられたトの教え、それが反映されたホツマに触れることによって、神代の時代の本当の歴史がわかるだけでなく、人類が本来持つべき基本的な考え方を学ぶことができます。

日本は、神による建国がなされて、それが現代まで続いているという世界でもまれにみる貴重な国です。その理想の国の建国の過程でさまざまな困難があったことも、後の世への教訓としてホツマに記されています。

人の体をもってご登場され、ご活躍された日本の神々が御自ら示された理想の国づくり、それに伴うさまざまなトラブルや困難があったことも含めてもっと真剣に知ることが大切です。そしてそれらの経験、そこから導き出される教訓を、現代社会に生かしていくことが求められています。

和《やわ》す・尽くすの思想の源は国常立命の常世の国の思想＝トノヲシテと同じであり、それが、日本人の心根にしみわたっているがゆえに、日本人からホツマの教えが切り離されても日本人の心に残り続けているわけです。

時代とともに、それは仏教の教え、説話文学などに姿を変え、また関西ホツマの集いの清藤直樹氏が指摘したように、明治期には「教育勅語」となって、その一部が教育理念の中に取り入れられたものと思われます。

戦後、そのトの教えの一部を反映したといえる教育勅語も否定され、日本人が方向性をいよいよ見失う危機の時代に、実に1700年ぶりにホツマが登場しました。我々一般庶民の目には史上初となるはずです。トノヲシテがふんだんにちりばめられているホツマは、日本の神の教えをすべて削り取った『古事記』、『日本書紀』とは全く次元が異なります。

明治以降、ト（瓊）と矛が区別されず、ぬほこ（瓊矛）として一体化され、瓊《ト》が国常立命のトノヲシテであることがかき消された『記紀』を基にする国家神道は、矛＝武力の思想に偏りすぎてしまいました。

ホツマに記されているように、高天原の神々のお考えに基づけば、比重はあくまで、ト（瓊）ノヲシテの方に置かれているのです。天照大神の時代にも、ハタレとの戦いなどはありましたが、戦いの過程でもあくまで、教え諭《さと》すことに重点が置かれ、そして戦いの後には、敵対した頭目とも和睦《わぼく》して理想の国をつくることができたのです。

この点をはき違えてしまっている方が、多くの政治家のみならず神道を奉ずる人々の中にも少なからずいますが、高天原、皇室の御意志を深く考慮し、すぐさま改めていくべきではないでしょうか。

ホツマに関心を持つ人たちが少しずつ増えてきたことにより、トノヲシテ、48音の言霊神が極めて重要であることが広まっていく機運が高まりつつあります。それは北条泰時が御成敗式目に「神は人の敬によりて威を増し、人は神の徳によりて運を添う」とまさに記しているとおりなのです。神を称えることがすなわち、自分たちの世の中をよくするための礎なのです。

瀬織津姫がじきじきに、人々にお伝えされた尊き御教えに人々が素直に耳を傾けるならば理想の国の復活は目前となるでしょう。

＊1　国常立命　日本建国の祖神。御子神がトホカミヱヒタメの八神。

＊2　ホコ　矛・武器。トノヲシテ＝人の道の教育と対になるもので、人の道から外れる者を

ホコ＝警察権で取り締まる。

＊3　天《あめ》御祖《みおや》神《のかみ》　宇宙根源神。フトマニ図の中央に表される神。

＊4　トホカミヱヒタメの八神　天元神。フトマニ図で中心に位置する天御祖神の八方を囲む神。

＊5　神仏習合の道　聖徳太子は、神・儒・仏の三法を重んじるべきことを説いた。神祇の祭祀を怠らぬように諭した「敬神《けいしん》の詔《みことのり》」の起草者といわれ、現に四天王寺創建時、その周辺に複数の神社を創建している。その中の一つが廣田浜南宮＝西宮神社（兵庫県西宮市）を勧請したと思われる今宮戎である（今宮戎では京都八坂神社の北向蛭子社が勧請元と伝わるが、そこは事代主神のみ祀る社である。本来の勧請元と考えられる西宮神社では神名を確認できない稚《わか》日女尊《ひめのみこと》が祀られる。その200メートル北方の向津姫《むかつひめ》一神を祀る廣田神社も同時に創建と捉えるのが妥当）。外来の宗教を受容し、尊重するという姿勢が培われる源となり、日本では、宗教を理由とする深刻な対立は国内的にも対外的にも起こっていない。神仏習合はその後、役行者、天武天皇、空海によって引き継がれたものと思われる。聖徳太子生誕地の橘寺（奈良県

高市郡明日香村）、天武天皇陵（同）、役行者生誕地（奈良県御所市）、空海生誕地（香川県善通寺市）のそれぞれの地点が一直線で並ぶことから、高天原の使者として役割を果たされたであろうことが推定される。また、大江の仮説であるが、聖徳太子は、天照大神・瀬織津姫・天忍穂耳命をそれぞれ毘沙門天・吉祥天・善膩師童子として仏教的な姿で祀ることで守護されたようである。太子は、瀬織津姫を如意輪観音・聖観音をはじめとする観音としても祀った、と思われる。

＊6　ＷＧＩＰ　War Guilt Information Program。戦後、日本人に戦争への罪悪感を植え付け、同時に日本精神を骨抜きにするために実行されたアメリカの洗脳政策。

あとがき

私は2011年7月31日に、六甲山中のムカツ姫様の祠を特定し、翌年3月4日に、ムカツ姫様の祠開きをさせていただきました。現在は六甲比命講の一員として、不定期ではありますが、お掃除や、お供えなどをさせていただき、祠の御案内などもさせていただいております。

このたびは、2014年末、アマノコトネ様よりの突然のご依頼で、セオリツヒメ様のお言葉の御聞き取りという、普通では考えられぬ特別の機会を賜りました。約4か月にわたって、平均して2日に1度以上の頻度で、アマノコトネ様を通じて質問をお送りし、それに対するセオリツヒメ様のお答えが返ってくるというやり取りが実現できたわけです。今回の御聞き取りはセオリツヒメ様におかれましても、過去数千年間の中で、これほどの内容をダイレクトにお伝えされることはなかったのではなかろうかと思われます。

誠に身に余る光栄なお役を授かったことに対し、とても感慨深い気持ちと、皆様を代表しての質問のお役目の立場で、内容が適切であるかどうか、しかも、途切れることなく御聞き取りが続けられるかどうか、かなり不安な気持ちを混在させながら進行してまいりました。

御聞き取りを通じて、セオリツヒメ様が最も強調されているのは、トノヲシテの復活と、平和を守るメ（女）の心の保持です。

トノヲシテに関してはホツマにはまとめて記されていません。それをまとめ上げるのはこれからの課題であると思います。

トノヲシテは端的に言えば、宇宙原理、宇宙哲学ともいうべきものであり、「常に神々に守られている人々が生きていくうえで必ず踏まえておくべき知識と心がけ」と言えるでしょう。

もちろん、トノヲシテの内容は、すべての人々に共通のベクトルが与えられながらも、社会の中での個々の役割の違いによっても異なります。この教えに沿っていくならば、私たちは、大きくぶれることなく確実に平和な社会を永続的に実現できる、と言えるでしょう。

クニトコタチ様の時代よりもはるか昔のカタカムナについても、セオリツヒメ様はおっしゃいましたが、おそらく、ヲシテと共通する48音で五七調のリズムを有するカタカムナも、ヲシテと同じく、宇宙の原理・哲学に基づくものであり、その音の一つ一つが神である、ということも共通するものと言えます。

けれども、カタカムナには何か制御しきれない恐るべきパワーがあるのでしょう。これは私の推測ですが、その扱いを誤ったことによって、現文明の前に存していたはずのカタカムナ文明そのものが廃れていったのではないでしょうか。そして、その教訓のもと、トノヲシテの体系は、その48音の神のパワーをコントロールして、人の世に役立つものとすることができたものではないかと推定します。

ところが、人々が平和に暮らせるトノヲシテに基づく世の中を常世国としてクニトコタチ様が築き上げていたものを、それを壊そうとする私利私欲に目のくらんだ勢力が台頭して、トノヲシテを封印してしまいます。とはいえトノヲシテの思想は、48音を基とする日本語を使う日本人と日本に同化した渡来ルーツの方々たちの思考習慣の中に、弱められながらも、生き続けています。現代の私たちにわずかに息づくトノヲシテの思想を、いよいよ本格的に開花させて世の人々を覚醒させるべき時が到来したのです。

セオリツヒメ様は、ご自身を「天照大神の補佐役」とおっしゃっていますが、実際は、補佐どころか、天照大神の手となり足となり、そのお考えを体現すべく常に最前線で、この日本をお守り続けていらっしゃる尊い神様です。まさに神仏習合において、天照大神に相当する大日如来に代わって、実際にお働きをされる不動明王にも擬せられるセオリツヒメ様への感謝の気持ちを忘れてはならないと思います。

高天原の神々のおかげで、世界全体の平和も保たれ、国際関係上の絶妙なバランスも保たれています。神々は高いところにいらっしゃるのですが、そのお役割として縁の下での支え役、あるいは黒子のように、人々の生活をお守りされていることにもっと意識を向けて、日々、感謝をささげるべきでしょう。

また、日本人すべてが、この高天原の神々のお働きを理解し、高天原と現実界を結ぶ重要なお役目をなさる皇室を大切に守ることの意義を理解できた時、日本の国が、しっかりとした方向性を持って揺らぐことなく理想の社会を実現でき、そしてそれが全世界への良き手本となりうるものと確信します。

私もセオリツヒメ様との御縁を今後も大切にし、御神意に沿って、トノヲシテを広めるように、できる限りのことをしていきたいと思います。

セオリツヒメ様、長い間、数々の質問にお答えくださいまして、深く感謝申し上げます。今後とも、なにとぞ日本を、世界を良き方へとお導きくださいますようよろしくお願いいたします。

トヨケ様、アマテル様、高天原の神々様、奇跡の仲立ちをしてくださったアマノコトネ様、そして出版にご協力いただいた清藤直樹様をはじめ皆々様、本当にありがとうございました。

大江　幸久

平成27年12月

脚注索引

あ

芦屋神社　明治の神社合祀の前はタナキネ＝天穂日命一神のみを祀る神社。六甲山頂にある天穂日命の磐座は、ここより夏至の日の入り方向で、磐座側からは、冬至の日の出方向に、芦屋神社が位置する。境内には円墳があるが、現在はそこに弁天岩（芦屋市奥池に向かう途中の巨大な磐座）に祀られていた水の神を遷座して祀っている。

アチヒコ　思兼命のこと。

天照大神　8代天神で男神。日本の統治者としての理想のご活躍をされる。その御言葉は皇后瀬織津姫によって筆録され、それがホツマツタエに反映されている。

アマツヒコネノミコト　三重県桑名市多度町多度の多度《たど》大社祭神。橿原市の高市《たけちの》御縣《みあがた》神《じん》社《じゃ》は高市県主に任ぜられたアマツヒコネノミコトの後裔が、自らの祖神を祀った、とされる。

アマノコヤネ　春日神。瓊瓊杵命《ににきねのみこと》・彦火火出見命《ひこほほでみのみこと》・鸕草葺不合命《うがやふきあわせずのみこと》に仕える左の臣＝鏡の臣。

天児屋根命の御陵はホツマによれば、京都大原野の小塩山《おしおやま》であることがわかる。その麓の大原野神社本殿は、現在は南面しているが、かつては東向きで、参道も東から本殿へ向かっていた。大原野神社の真南に、東大阪の元春日、枚岡《ひらおか》神社が鎮座する。天児屋根命には、ヒメ神と呼ばれるお妃がいた。ヒメ神はタケミカヅチの一人娘で、かつて茨城県神栖市息栖の息栖《いきす》神社に祀られていたことがホツマで判明する。（現在は、祭神は久那戸《くなと》神・天鳥船命・住吉三神）息栖神社は西向きの神社であることが以前より謎とされていた。地図上で参道の延長方向に枚岡神社が位置する。ホツマには、天児屋根命とヒメ神が離ればなれになっても、お互いが向き合う位置関係に祀られたことが記されている。

アメノホヒノミコト　天穂日命。天照大神と北の局モチコの御子神で、天照大神の長男。古事記では天忍穂耳命が長男で天穂日命が次男と記される。

天穂日命の磐座　セオリツヒメ様の磐座から直線距離にして約300メートル東の丘に鎮座する亀をかたどったと思われる磐座。六甲山カンツリーハウス（4月〜11月中旬まで開園）施設内にある。その2つの里宮として芦屋神社が冬至の日の出方向に、綱敷天神社が真南に位置する。また磐座は、伊勢の伊雑宮と出雲大社を結ぶ直線上にピタリと位置することから、セオリツヒメ様をお守りし、かつ出雲と伊勢を平和的に取り結ぼうと出雲杵築大社《きずきのおおやしろ》の斎主を務め、尽力された天穂日命の素晴らしい御意志が読み取れる。出雲系の神社の社紋が亀甲紋であることのルーツの磐座であるかもしれない。

天御祖神　宇宙根源神。フトマニ図の中央に表される神。

アワ唄　ヲシテ48音を並べた歌。アカハナマ　イキヒニミウク　フヌムエケ　ヘネメオ

コホノ　モトロソヨ　ヲテレセヱツル　スユンチリ　シヰタラサヤワ　の48音からなる。一音一音が神である。イザナギ・イザナミは言葉の乱れが世の乱れのもとであるとして、このアワ唄を全国に広めた。

アカハナマ　　　トロソヨヲ
イキヒニミ　　　テレセヱ
ウクフヌム　　　ツルスユン
エケヘネメ　　　チリシヰ
オコホノモ　　　タラサヤワ

い

石の宝殿　正式名称は六甲山《むこやま》神社。古くから六甲山大権現を祀る。後の世に、白山菊理姫を併せ祀る。六甲比命神社から、夏至の日の出方向に位置する。このあたりが、芦屋川、住吉川、仁川、船坂川の分水嶺となっており、雨乞い祈願が古くから行われている。

因幡　瀬織津姫の名で祀る神社が最も多く残る地域。同時に、兎を祀る神社も全国最多。社寺には兎の彫刻が数多く残っており、これも、全国最多と推定される。

稲葉神社　鳥取市立川に鎮座する神社。これが稲葉（現在は因幡）の地名由来と言われる。後に武内宿禰が旗を納め祀ったことから、因幡の漢字があてられるようになった、という。

イキツヒコネノミコト　滋賀県彦根市の彦根の地名の由来とされる。滋賀県近江八幡市安土町下豊浦には活津彦根《いくつひこね》神社が鎮座する。

一年の月の名前の由来　ホツマ14紋《あや》「世継《よつ》ぎ祈る祝詞《のとこと》の紋」には、人の受胎・妊娠・出産までの胎児の成長と関連して月の名前が付けれられていることが説明されている。

イツヲハシリ　静岡県熱海市伊豆山神社（祭神天忍穂耳命　拷幡千千姫　瓊瓊杵尊）または箱根の駒形神社と箱根山がその比定地。

イサワ宮　伊雑宮。三重県志摩郡磯部町上之郷。富士山麓の安国宮から遷都した場所。この地で、天照大神は長年にわたって国を統治された。

斎衣殿　神に献上する衣、天皇が召される衣を織るための建物。斎服殿　イミハタドノ　神衣を織る斎み清めた機殿《はたどの》。いむはたどの。（「広辞苑」より）

う

WGIP　War Guilt Information Program。戦後、日本人に戦争への罪悪感を植え付け、同時に日本精神を骨抜きにするために実行されたアメリカの洗脳政策。

ウケステメ　西王母。中国に古く信仰された女仙。姓は楊、名は回。周の穆《ぼく》王が西に巡狩して崑崙《こんろん》に遊び、西王母に会い、帰るのを忘れたという。また、漢の武帝が長生を願っていた際、西王母は天上から降り、仙桃七顆を与えたという。（「広辞苑」より）

ウケモノ　死者を活かす精霊（駒形氏説）。倉稲神・うけみたま（高畠氏説）。

宇佐　大分県宇佐神宮のある場所。ここに、モチコ・ハヤコは娘の3姉妹とともに蟄居を命ぜられる

宇良神社　浦嶋神社。京都府与謝郡伊根町本庄浜。丹後の比沼麻奈為神社から伊勢山田原へ外宮祭神が遷座したのと同年同月の、雄略22年（西暦478年）7月、浦嶋子が常世の国（蓬萊山《ほうらいさん》）へ出かけたと『日本書紀』にあり、『丹後国風土記』にも同様の話が載る。その後、300年以上経過した淳和天王の御代に浦嶋子が帰還したことを吉兆として創建された神社。六甲のセオリツヒメ様の磐座の真北に位置する。

お

オエやクマ　汚穢《おえ》　穢れのこと。

オオミタカラ　民草。一般の人々。宝という言葉は、田から、が語源であることがホツマ23紋に記されている。田から自然の恵みを育て、収穫する農民であるから大御宝である。天皇が国民を大いなる宝として大切に守り、慈しむ、という意味が込められている。

大山祇神社　由緒書より「日本総鎮守　大三島宮　御祭神　大山積大神

御祭神大山積大神は天照大神の兄神で山の神々の親神に当り（古事記・日本書紀）天孫瓊々杵尊の皇妃となられた木花開耶姫命の父神にあたる日本民族の祖神として、和多志大神（伊豫国風土記）と申し上げる海上安全の守護神である。地神・海神兼備の大霊神として日本の国土全体を守護し給う神であるところから古代より日本総鎮守と尊称され朝廷を初め国民の崇敬は各時代を通して篤く中世は四社詣、五社詣の中心となり、平安時代既に市が立ち現在に続いている」

オオン神　天照大神のこと。瀬織津姫は、今回の聞き取りの中で天照大神をほぼ、この「オオン神」という呼称でお呼びされる。

オシヒト　第9代天神の天忍穂耳命。天照大神と瀬織津姫の御子神。伊勢神宮外宮域内の藤岡山の上御井神社、または多賀宮の近くの下御井神社のわきの産屋で御生誕される。

オシラ様　柳田國男の『遠野物語』で知られる、東北地方で信仰される神様。蚕の神、農業の神、馬の神といわれる家の守り神。

オモイガネ・シタテルヒメ　思兼命《おもいかねのみこと》（アチヒコ）7代タカミムスビのタカキネの御子。「タカミムスビ」とは役職名であることがホツマでわかる。ホツマでは天照大神の姉神であるワカヒメの夫。ワカ姫は、ヒルコ姫ともシタテル姫ともシモテル姫とも呼ばれる。御子神は手力男《たちからを》。たいへんな秀才で、ヒタカミの豊受大神のもとで、スメラギを補佐するための様々な教育を受ける。

オモタル・カシコネ（6代天神）この時代に、世は乱れ、通常の統治では世は治まらなくなった。そこで、武力に大きく依存した武断統治を強行し、多くの男性が命を落とすことになった。そのため、極端に男性の数が少なくなった経緯がこの時代にある。

か

『ガイアシンフォニー第八番』　映画『地球交響曲（ガイアシンフオニー）』とは、イギリスの生物物理学者ジェームズ・ラブロック博士の唱えるガイア理論、「地球はそれ自体がひとつの生命体である」という考え方に勇気づけられ、龍村仁監督によって制作されたオムニバスのドキュメンタリー映画シリーズです。美しい映像と音楽、珠玉のことばの数々によって織り成されるドキュメンタリー映画『地球交響曲』は、環境問題や人間の精神性に深い関心を寄せる人たちのバイブル的存在となっており、1992年公開の「地球交響曲第一番」から2016年10月公開予定の最新作「第八番」まで、草の根の自主上映を中心とした上映活動だけで、これまでに延べ、240万人に上る観客を動員、その数は今なおとどまることなく、かつてないロングランヒット作となっています。(『地球交響曲(ガイアシンフォニー)』ホームページより)

柿田川　名水100選に選ばれる清水を湧出する長さ1・2㎞の清流。富士山に降った雨が百年の歳月を経て湧出するとされる。柿田川公園には貴船神社が鎮座するが、この真西に京都の貴船神社が位置している。

カシコドコロ　賢所。宮中で天照大神を祀るところ。ご神鏡が鎮座する場所。

カタガキ　葛掻《かだが》き　イザナギが宮の垣に茂る葛《カダ》を掻く糸薄《イトススキ》にヒントを得て造った三弦琴。琴の原型。葛の葉に似せて作ったというから、琵琶の形に近いものと思われる。

（駒形一登氏『ほつまつたゑ 解読ガイド』より）

カナサキ　住吉神　阪神間に拠点を持ち、イザナギ・イザナミのもとより岩樟船（イワクスブネ）で送られた幼いヒルコ姫＝ワカ姫をヒロタ（拾うた）で養育する。神戸市東灘区渦森台《うずもりだい》の本住吉神社奥社は、その中心地であろうか。造船の技術を持つ家系。全国の海洋を熟知する。和歌の名手でもあり、蛭子姫に和歌の教育をする。娘のハヤアキツヒメは天照大神の后として入内する。後に九州へ移り、一大拠点を形成する。アマノコトネの霊視によれば大阪府の住吉大社の海神社の祭神はカナサキである。

唐崎社　滋賀県・京都市、北大阪に唐崎神社が数社鎮座するが、いずれも、祓えに関する行事と関わる。滋賀県高島市と京都市下賀茂神社の唐崎社（元は出町柳付近に鎮座）は瀬織津姫が祭神。聖徳太子創建の京都六角堂にも唐崎社がある。かつてこの3社は一直線上に並んでいたようである。

川上御前　福井県越前市の伝統産業、越前和紙の紙すきの技術を伝えた、謎の女神。

き

キクキリ姫　天照大神のご幼名であるウヒルキ（大日霊貴《うひるき》）は御生誕の時に御自ら発せられたお言葉によるもの。それを聞き取れたことからイザナギ・イザナミよりキクキリ姫と称え名を賜った。また、皇室の紋章は菊と桐である。

キノトコタチ　クニトコタチ、クニサツチ、ハコクニと続く4代目で、初代タカミムスビ（東北＝ヒタカミを結ぶ＝統べるという役職名）。

く

クシタマホノアカリ　天忍穂耳命とタクハタチチヒメの第一子。ニニキネの兄。テルヒコ。アスカの神。

クシヒコ　オオナムチと宗像三女神のタケコの御子。エビス。天照大神がヤマトオオクニタマノ神の称え名を授ける。大物主とは物部（軍事部隊）を統括する主のこと。オオナムチが初代オオモノヌシであった時、事代主の役職を得る。その後、2

代目大物主となる。晩年に天照大神より天の逆矛を賜って、大和の三輪山の洞に入る。

九頭龍・八岐大蛇　モチコ・ハヤコが自分たちの処遇に不満を持ち続け、とうとう恨み・つらみの怨念の塊となって、龍に変化《へんげ》してしまった。モチコは、その後、青森善知鳥《うとう》神社に出現するも、オオナムチの御子である島津彦に斬られる。その後、北海道小樽の白竜岳（現在の赤岩山）に潜み、瀬織津姫への恨みを抱きながら隠棲する。後に、長野県戸隠に現れ、戸隠命に斬られて、ここで命を落とす。戸隠奥社の九頭竜神社はモチコ姫の墓所に建てられた神社。ハヤコ姫は、八岐大蛇となって、不倫相手であったソサノヲに切り殺される。けれども、後に、大山祇の一族のもとへ転生し、イワナガヒメとして、木花咲耶姫を無実の罪へ陥れる。

国常立命　日本建国の祖神。御子神がトホカミヱヒタメの八神。

クニサッチ　クニサヅチ、クニサツチ。ミナカヌシから始まる二十世に続き、八方の地（トホカミヱヒタメの各国）を治める世嗣の君で、クニトコタチの第二世代に当る。各々五人の御子を生む。五人の内の一人が世嗣御子で、これがトヨクンヌ。(駒形一登氏「ほつまつたゑ 解読ガイド」より)

日本の場合、クニサツチはトヨクンヌとハコクニとウケモチを生み、トヨクンヌは中国(中央部)を治め、ハコクニはヒタカミを拓き治める。以後、双方の子孫は共同で日本を統べたようだ。

クマノクスヒノミコト　和歌山県熊野大社のクスヒノミコトが熊野神(イザナミ様)を祀ることからクマノクスヒと呼ばれる。祭神夫須美《ふすみ》神がクマノクスヒノミコトと思われる。

クラキネ　イザナギ・シラヤマ姫の兄弟で、モチコ・ハヤコの父に当たる。政治と私生活を混同することで、統治を委任されていた根の国(北陸地方)の治安が乱れ、後に、大祓祝詞にも登場するシラヒト・コクミの事件の遠因を作る。天照大神は、クラキネの死後、クラキネは祀らず、と指示を出された。

こ

コモリ　クシヒコと美保津姫の御子。3代目大物主。ニニキネ・ホホデミ・ウガヤフキアワセズの右大臣を務める。18人の息子と18の娘を産み育て、天照大神より子守り神の名を賜わる。父のクシヒコの医学・薬学を継承し、瀬織津姫からも薬学や出産法について学んだ。滋賀県高島市安曇川《あどがわ》町の與呂伎《よろぎ》神社祭神。

さ

サクラウチ　タニのサクラウチ。オオヤマズミ一族の長。セオリツヒメホノコ様・ワカ姫ハナコ様・オオヤマカグツミ（2代目オオヤマズミ）の父君。イザナギ・イザナミに仕え、天照大神の右大臣も務める。

祥《さ》　善行のこと。

佐見長神社　主祭神大歳命。境内に佐美長御前神《さみながみまえのかみ》を祀る4つの小さな神明造の社で構成される佐美長御前神社《さみながみまえじんじゃ》が鎮座する。

サヲシカ　神の使い。天皇の使い。勅使。

し

四方拝　宮中で天皇が元日に行う最初の儀式で、伊勢神宮をはじめ国家鎮護にとって重要と思われる神社と、先帝3代の天皇陵の方角を拝する。国民を守るため、起こりうるあらゆる災厄を一手に天皇が引き受ける、という意味合いを持つもの。庶民の魔除けの願いと対照的であり、驚くべき尊きご姿勢を貫かれている。平安時代、大江匡房の『江家次第《ごうけしだい》』にその時のまじないの文が記されている。その中の道教的要素は、現在は排除されながらも、儀式の本質は今も変わっていない。

シマツヒコ　カナサキ・ムナカタ・アツミの祖。オキツヒコの父。カナサキはシマツヒコの7代目の孫に当たる。シマツヒコはアワ国の安曇川で、朽木《くちき》に乗る鵜《う》の鳥を見て筏《いかだ》を造り、棹《さお》を刺すことを覚え、これが船の元となる。「島つ鳥」は鵜にかかる謂れ。六船霊の第一。（駒形一登氏「ほつまつたゑ解読ガイド」より）

十七条五憲法　ホツマ同様、アカデミズムでは偽書扱いされる先代旧事本紀大成経に掲載される。一般に知られる十七条憲法のもととなるもの。十七条五憲法は、一般向けの通蒙憲法と、神職、僧侶、儒者、政治家に向けた計5種類の十七条憲法で、全85条に及ぶ。そこでは三法を敬うべきことが記されているが、この三法とは神道・儒教・仏教のことを示す。

鷲林寺　法道仙人開基説もある。六甲山東麓に位置し、役行者が開いたとされる六甲修験の出発地点である。廣田神社の神奈備山といわれるなだらかな甲山と、鷲林寺、六甲比命の磐座神社を奥の院とする、かつての多聞寺のあった古寺山は、東西のラインで整然と並ぶ。

徐福　秦の始皇帝の命令で、蓬莱の国、日本へ不老不死の仙薬を求め、多くの若い男女と、様々な技術者を伴ってやってきたとされる人物。

シラヤマ様　白山菊理姫。ククリヒメ・ココリヒメ。イザナギの姉または妹で、天照大神御生誕のとき、天照大神のお言葉を聞き取ったことから聞くきり姫という名前でも呼ばれるようになった。

心の御柱　伊勢神宮正殿の床下中央に立てられる柱。神霊がやどる柱として古来神聖視される。忌柱《いみはしら》。天御柱《あめのみはしら》。（「デジタル大辞泉」より）

神仏習合の道　聖徳太子は、神・儒・仏の三法を重んじるべきことを説いた。神祇の祭祀を怠らぬように諭した「敬神《けいしん》の詔《みことのり》」の起草者といわれ、現に四天王寺創建時、その周辺に複数の神社を創建している。その中の一つが廣田浜南宮＝西宮神社（兵庫県西宮市）を勧請したと思われる今宮戎である（今宮戎では京都八坂神社の北向蛭子社が勧請元と伝わるが、そこは事代主神のみ祀る社である。本来の勧請元と考えられる西宮神社では神名を確認できない稚日女尊《わかひめのみこと》が祀られる。その200メートル北方の向津姫《むかつひめ》一神を祀る廣田神社も同時に創建と捉えるのが妥当）。外来の宗教を受容し、尊重するという姿勢が培われる源となり、日本では、宗教を理由とする深刻な対立は国内的にも対外的にも起こっていない。神仏習合はその後、役行者、天武天皇、空海によって引き継がれたものと思われる。聖徳太子生誕地の橘寺（奈良県高市郡明日香村）、天武天皇陵（同）、役行者生誕地（奈良県御所市）、空海生誕地（香川県善通寺市）のそれぞれの地点が一直線で並ぶことから、高天原の使者として役割を果たされたであろうことが推定される。また、大江の仮説であるが、聖徳太子は、天照大神・瀬織津姫・天忍穂耳命をそれぞれ毘沙門天・吉祥天・善膩師童子として仏教的な姿で祀ることで守護されたようである。太子は、瀬織津姫を如意輪観音・聖観音をはじめとする観音としても祀った、と思われる。

す

スズカ＝鈴明と鈴暗《すずくら》　鈴明はすずやかで、欲にとらわれることがなく、直ぐなる心を持つこと。反対に鈴暗は、（ホ）シイの気持ち。欲にとらわれて心が暗くなっていること。

せ

セオリツヒメの祠　六甲山頂尾根付近に鎮座する六甲比命神社《ろっこうひめじんじゃ》の磐座《いわくら》。六甲山の山名由来の神社と考えられる。法道仙人開基の多聞寺（神戸市北区唐櫃）の奥の院として、現在は主に六甲比命講がお守りをしている。

そ

十二后

オモタル・カシコネは世継ぎの御子に恵まれなかった。それに加えて、極端に男性が減ってしまっていた。世継ぎの皇子を確実に得るために、天照大神には12人の后が全国の有力豪族より集められた。東西南北・春夏秋冬にあわせ、東の局には東北ヒタカミのオオミヤヒメミチコ、タナバタヒメコタエ、筑波のソガヒメ、南の局にはハラミ（富士山麓）のセオリツヒメホノコ、その妹ワカヒメハナコ、筑紫の粕屋のイロノエヒメアサコ、西の局には、ヒロタ（阪神間）のハヤアキツヒメアキコ、筑紫宗像のオリハタヒメオサコ、トヨヒメアヤコ、北の局は、イザナギの弟クラキネの娘、根の国（北陸）のマスヒメモチコ、コマスヒメハヤコ、山城（京都）のカダノアチコ、そして中宮として南の局の瀬織津姫が抜擢され、それを補うために美濃の国のウリフ姫が入内した。

た

タカミムスビ家の奥方　白山姫は、豊受大神の御子であるヤソキネの妃。ヤソキネは6代目タカミムスビの役職を担う。ヤソキネの兄弟姉妹がイザナミ、カンサヒ、ツハモノヌシで、ヤソキネの御子はタカキネ、スクナヒコナ、そして天照大神十二后のオオミヤヒメミチコ、タナハタヒメコタヱの父にあたる。天照大神の十二后を選定された。シラヒト・コクミの事件の後は、根の国の国守となる。

タカオカミ・クラオカミ　オカミは龍の古語とされ、タカは高い山、クラは谷間を指すとされる。龍神が水を司るとされる。

タガノ宮　滋賀県の多賀大社・胡宮《このみや》神社。

タクハタチチヒメ　7代タカミムスビのタカキネの御子神　鈴鹿の山に御陵があるとされる。

タズカラオ　手力男命。ワカ姫と思兼命の御子神。

タナキネ　天穂日命の諱《いみな》。天照大神とモチコ姫との間の御子で長男として誕生。

タの一族　ミナカヌシ・クニトコタチの8皇子ト・ホ・カ・ミ・ヱ・ヒ・タ・メの8系統の神の中の一族。

多聞寺奥の院　大化改新のころ、インドから渡来した法道仙人が、ムカツヒメの祠とその周辺を多聞寺の奥の院として、お守りされる（法道仙人が、般若心経を心経岩に刻んだ。現在のものは、大正5年に刻み直したもの）。その直後、役行者が縁者に命じて、ムカツ姫の祠のある西六甲の山＝唐櫃山《からとやま》を、多聞寺とともに守らせる。その縁者四鬼《しき》氏は役行者の子と言われるが、六甲修験の元締めとして、明治までは西六甲の入山の管理を行っていた。

丹後マナイ　現在の京丹後市峰山町久次の比沼麻奈為神社とその神奈備山である久次岳の辺りを中心地とする、現在の峰山町・大宮町全域。この地より、西暦478年、伊勢の大佐々命を使いとして、伊勢の国山田原へ外宮祭神を遷座する。

ち

千代見草　国語辞典では松、または菊の異名とされる。神山の麓に生ふるちよみ草、植ゑ置きてこそ御調（ミツギ）ものなれ　ホツマでは、富士山麓にかつて生育していた苦菜で、これを食すことによって長寿を得る、というもの。ハホ菜・ラハ菜・ミ草の3種の草で、これが生えていることから富士山はハラミ山と呼ばれた。神世の時代の富士山の噴火によって、現在は消滅している。

て

天河弁財天　吉野に逃れた天武天皇は天空に吉祥天の舞いを感得され、これを吉祥として役行者とともに、天《あめ》の安河《やすかわ》の日輪弁財天を祀る天河弁財天神社を開基。天河神社社家が代官所に１７１２年に提出した「願書」には生身天女の御鎮座天照姫とも奉崇して、今伊勢国五十鈴之川上に鎮り座す天照大神別体不二之御神と申し伝えと記されていることから、祭神の吉祥天（弁財天）は瀬織津姫と考えられる。天武天皇の前で5回振り袖を振った吉祥天の舞は、その後宮中で五節《ごせちの》舞《まい》として、新嘗祭《にいなめさい》や大嘗祭の後の豊明節会《とよあかりのせちえ》で舞われる。

と

トの神　国常立命には8人の御子神がいて、ト・ホ・カ・ミ・ヱ・ヒ・タ・メ（天津祓・「吐普加身依身多女」と書き「遠祖神よ恵みをください」の意）と呼ばれる。それぞれが一族を形成し、全国各地へ分散して、中には、海外へ拠点を持つ一族もあった。その中で、カの一族は中国に渡り、夏《カ》の国を建国した模様。ホツマ国＝日本の統治は、当初はトの神が担っていたが、オモタル、カシコネの治世に世は乱れ、世継ぎ御子が誕生しなかったことから、タの一族である、ヒタカミのタカミムスビの豊受大神がトの一族に代わって日本を統治することとなった。

トホカミヱヒタメの八神　天元神。フトマニ図で中心に位置する天御祖神の八方を囲む神。

豊受大神　伊勢神宮外宮の神。天照大神の祖父にあたり、天照大神に国の統治者としての教育を施す。

トヨケ様　豊受大神。東北日高見で政《まつりごと》を司り、天照大神が16歳になられると、日高見へ招いて、直々に天神としての教育をされる。天照大神のご要請で、サホコチタルのミヤツ（京都府宮津市）でお治めになる。マナヰ（京丹後市峰山町久次岳《ひさつぎだけ》。麓に豊受大神を祀る比沼麻奈為《ひぬまない》神社がある）で神上がりをされる。

トヨケノリ　豊受大神が、神上がりが近づいたことを悟り、マナイの山の頂付近に磐座を造営し、その洞に生きながら籠り、世の平安を祈りながら神上がりをされたことにちなんで付けられた尊き人のみが実行する神上がりの方法のこと。

な

内宮正宮《しょうぐう》　内宮境内の他の別宮・摂社などと区別するための呼称。男神天照大神を祀る。

に

ニギハヤヒ　瓊瓊杵命と木花咲耶姫の御子神であるムメヒトの御子だが、世継ぎが生まれなかったクシタマホノアカリの養子となる。天照大神に命ぜられて、クシタマホノアカリが富士山を模して造った天の香具山のある明日香国の2代目のカグ

ニニギ　ヤマ央君《ヲキミ》となる。瓊瓊杵尊《ににぎのみこと》。ニニキネ。第10代天神。自然神ウツロイの神をして雷を水と火に分けて鎮めたことから別雷神として、上賀茂神社に祀られる。全国を巡幸し、田畑の水利事業をなし、特に、耕作に適さない高地への水利事業で、国を豊かにした。御后はオオヤマズミ一族の木花咲耶姫。

は

箱根　天忍穂耳命の御陵がある。箱根神社の祭神の箱根神とは天忍穂耳命のことであることが、ホツマによって推定できる。

ハタレの乱　天照大神の御代に起こった全国的な動乱。ハタレは人のねじけた心が原因となって生まれ出た人の道から外れた存在。六ハタレ＝シムミチ・ハルナハハミチ・イソラミチ・キクミチ・イツナミチ・アメヱノミチの6族、数十万人の大反乱であった。カナサキ、フツヌシ、タケミカヅチ、カダマロ、イブキドヌシ、クマノクスヒらが戦い、70万人あまりを改心させる。特にカナサキ（住吉神）

がヤワラキ（和らぎ）をもって、敵対者を説得することを提案し、これに重点が置かれた。瀬織津姫が二見浦の夫婦岩にマフツノカガミを置き、ハタレの正体を映し出して改心をさせたことや、猿沢の池で、入水自殺したハタレを魂返ししたこと、和歌山の高野山で、連行された多くのハタレが引かれるひもで首が絞まって亡くなり、同じくこれも魂返しをしたことなどがホツマに詳しく記される。

早池峰神社　早池峰山を神奈備山とする神社で祭神は瀬織津姫。

ひ

ヒタカミ　日高見　東北地方のこと。アマノコトネがこのお聞き取りの後に、東北訪問の際、秋田県鹿角市の大日霊貴《おおひるめむち》神社に参拝され、その一帯が、セオリツヒメ様とアマテル様が初めてお会いになったところではないかと、推定される。

日嗣の皇子　天照大神の霊を引き継ぐ、皇位を継承する皇子。

比々多神社　神奈川県伊勢原市三ノ宮。近くには祭祀遺跡のメンヒル（立石）がある。祭

神　豊斟渟尊《とよくむぬのみこと》、ワカヒルメ、大山祇命、木花咲耶姫　大山《おおやま》を神体山とする。

ふ

フトマニの１２８首の和歌　天照大神が編纂された１２８首の和歌。これを基に占術をした。

斑駒　種々の色が混じる斑《まだら》の馬。

へ

ほ

ホコ　矛・武器。トノヲシテ＝人の道の教育と対になるもので、人の道から外れる者をホコ＝警察権で取り締まる。

ホツマツタヱ　全編ヲシテ文字を使って五七調で記された、古代の一大叙事詩であり、歴史書であると同時に、道の書、博物学のエッセンスの書でもある。全40紋《あや》（章）

で、1~28紋は神武天皇の右大臣であるクシミカタマ、29~40紋は崇神天皇の御世に大神《おおみわ》神社の斎主となったオオタタネコの編纂による。

アカデミズムでは単に偽書とされ、内容検討を放棄されている。そのため、数多くの在野の研究者によって研究が進められ、記紀その他の古史古伝とは比較にならぬほど数多くの全国各地の神社・神話伝承・寺院縁起等との関連や整合性が見出される。北陸から山陰にかけての国を乱した益人《ますひと》（国司・国造）シラヒト・コクミが登場する大祓詞《おおはらえのりと》（中臣祝詞《なかとみのりと》）の内容はホツマ以外の文献では説明できない。瀬織津姫の御事績が詳しく記されている唯一の古代文書。

穂虫祓え

時移りアマテル神（天照神）がイサワの宮（伊雑宮）に坐して政治（まつり）を執っておられる時の事です。キシイ（紀州）の国から矢継早に伝令が飛びきたり、「キシイの稲田（いなだ）にホオムシが大量発生して、稲が大被害を受けました。一刻も早くオオン神（天照神）の御幸（みゆき）をお願いして、稲虫祓いをしてください」と繰り返し願い出ました。

運悪くその時オオン神は、トヨケの神の亡き後を継いでアメノマナイ（真奈井）に御幸（みゆき）後の事でした。民の嘆きを聞いたムカツ姫（中宮・セオリツ姫ホノコ）は、何とかして民の嘆きに応えたい一心から、とりあえずワカ姫共々現地に馳せ参じて、行動を開始しました。

ワカ姫は先ず、田の東に立ってオシ草（玄人）を片手に持ち、もう一方の手に持つ桧扇（ひおうぎ）で扇ぎたてて、即興の歌を詠みながらホオムシを祓いました。すると虫が飛び去ったのを見たムカツ姫は、三十人の姫達を二手（ふたて）に分けて田の左右に佇（たたずま）せて、皆一緒にワカ姫の作った稲虫祓いの和歌の呪（まじない）を歌わせました。

くりかえし、繰り返しして三百六十回歌い続けて、最後にオシ草と桧扇（ひおうぎ）を皆が一斉にどよませ大声を上げれば、虫はザラッと一気に西の海の彼方へと飛び去り、稲田は元の様に鎮（しず）まりました。

これが稲虫祓いの和歌の呪（まじない）です。

稲種（タネ）・畑種（ハタネ）　大麦（ウム）・小麦（スキ）・大触豆（サカメ）大豆（マメ）・小豆（スメラ）の　ゾロ（稲）葉（は）も　喰（は）めそ

虫（むし）もみな鎮（し）む
このワカ姫の歌により無事災いは祓われて、再び稲は元通りに若やぎ、蘇（よみがえ）りました。（高畠精二氏ホツマツタエ現代語訳より）

ま

マウラ　タニノサクラウチ（瀬織津姫の父）の御子オオヤマカグヤマツミの3人の御子の一人。兄にカグヤマツミとカンタマ。カグヤマツミの妻が宗像三女神のタキコ（江島姫）。

マフツノカガミ　京都市上京区宝鏡寺は、伊勢二見浦《ふたみがうら》で漁網にかかった両手に鏡を持つ聖観音を本尊とする。この不思議な経緯で出現し、皇族に守られた観音像はもちろん瀬織津姫の二見岩でのご活躍が背景にあるものと思われる。観音は神仏習合で、日本の女神と習合したものと思われる。聖徳太子が念持仏とし、神呪寺を創建した真名井御前が帰依した如意輪観音や吉祥天も瀬織津姫の仏教的御姿と考えられる。

み

ミカサフミ　アメノコヤネの10代目後裔オオカシマが執筆したもので、ホツマとはワリウルリ（割瓜）と言われるくらい類似した内容も記されている。

ミクサタカラ　三種の神器。

む

ムカツヒメ様の祠　兵庫県神戸市六甲山頂尾根付近の六甲比命神社。２０１１年7月に、大江が六甲比命神社を瀬織津姫の御陵ではないかと推定。以後、さまざまな調査等を経て、瀬織津姫との関連を断定。翌２０１２年3月4日、祠開きを開催。同月、三重県二見浦で催されたホツマサミットの席上で、ムカツヒメ様の祠の特定を公表。今回のお聞き取りで、瀬織津姫の御陵の予定地とされたが、御陵ではなく、御神霊の宿る磐座であることをお教えいただく。天照大神＝日の神の前に向かう姫。天照大神を祀る廣田神社では、祭神のまたの御名が撞賢木《つきさかき》厳魂《いつのみたま》天疎《あまさかる》向津《むかつ》姫《ひめ》、と伝わる。

宗像三女神　たごり（田心）姫、たぎつ（湍津）姫、いちきしま（市杵島）姫。ホツマでは、ハヤコ姫の御子神でタケコ・タキコ・タナコの名で登場し、それぞれ、竹生島、江の島、厳島で祀られる。タケコの御子が天照大神に絶賛される活躍をしたクシヒコである。

め

メ（女）の道　天照大神がノコシフミで、瀬織津姫に女の心を守り通すことを要請する。女性の平和を守る優しい心、生命を生み育て、次世代を担う人材を教育する大切な役割を果たすこと。

も

舞根《もうね》神社　祭神瀬織津姫。大《おお》野東人《のあずまびと》が養老2年（718年）に、元正天皇の勅命によって、蝦夷の降伏の祈願所として、和歌山県熊野本宮の熊野神を勧請した。

モトアケ　フトマニによる判断と思われる。

モトモトアケ　宇宙根源神である天御祖神《あめのみおやのかみ》。日本語の48音の一つ一つの音が、神である。フトマニ図の中心がアウワ。その周りのトホカミヱヒタメをアモト神と呼ぶ。その外周にアイフヘモヲスシのアナミ神（天並神）、残りの32神がさらにそれを囲む。

モモヒナキ・モモヒナミ（ウヒチニ・スヒチ）　トヨクンヌの後を継いだ、四代目天神で、初めての夫婦ペアの神。結婚制度の始まりはこの時代からと言われる。雛祭りの起源。福井県武生市の日野《ヒノ》神社とその神奈備山日の山はまたの名を雛が嶽と呼ばれていたがこのあたりが比定地ではないかといわれている。

や

八上の天照大神と白兎伝承　古事記の因幡の白兎神話とは全く別のお話。八頭町《やずちょう》門尾《かどお》の青龍寺の城光寺縁起、同町土師百井《はじももい》の慈住寺縁起によれば、天照大神ご一行が行幸中、八上に差し掛かった折り、一匹の白兎が現れ、天照大神の裳裾《もすそ》を口にくわえて、行宮にふさわしいところ、現在の霊石山《れいせきざん》伊勢《いせ》が平《なる》まで案内する。白兎はそこで姿を消したというもの。この伝承と関連して3つの白兎神社がある。

ヤカミヒメ　絶世の美人としてその噂を聞いた大己貴命《おおなむちのみこと》ら八十神《やそがみ》が、結婚しようと、因幡の八上に向かう。その途中の海岸で白兎と出会うストーリーが有名な因幡の白兎の神話。八上姫は、大己貴命と結婚し、しばらく因幡の各地に居住されたもよう。御子神として、因幡で御井神をご出産、そして現在の出雲で、アダガヤヌシタギキヒメをご出産される。いずれも御井神とも呼ばれ、木股神《きのまた》とも呼ばれる。

山裾の庵　今回のお聞き取りから該当する場所は、三島市川原ケ谷の滝川神社のあたりではないかと推定する。鳥居の正面の瀧が御神体であるかのごとくである。2013年火事で全焼した本殿の再建に、伊勢神宮より饗土《あえど》橋姫神社（祭神宇治《うじ》橋《ばし》鎮守神《のまもりのかみ》で瀬織津姫のことと考えられる）の古材が下賜され、2015年に再建されたご神縁もある。

ゆ

ユキキの道　輪廻転生のこと。神道では、生まれ変わりを肯定的にとらえている。ホツマには、「素直に欲を持たずに食を正し、生を全うした『鈴明の道』を歩んだ人は、また人として生まれ変わり続け、現世を楽しむことができる。我欲にとらわれた『鈴暗の生活』をすると、死後も魂の緒がねじれて神上がりできず、まともな転生もできなくなり、獣等へ生まれ変わってしまう」ことが記されている。

ろ

六甲比命神社　神戸市灘区六甲山町の六甲山尾根付近に鎮座する六甲《ろっこう》比命《ひめ》大善神社《だいぜんじんじゃ》。六甲山は古くは向津《むかつ》峰と呼ばれていた。その由来は瀬織津姫のまたの御名である向津姫《むかつひめ》の磐座があるから、と考えるのが妥当といえよう。現在は六甲の文字が当てられているものの、これもちゃんとムカツと読めるように意図して選ばれているようである。かつては向津姫を祭神とする、西宮市の廣田神社の奥宮として守られてきたものと思われる。大化の改新のころより、法道仙人開基の吉祥院多聞寺（神戸市北区唐櫃）の奥の院とされ、現在は六甲比命講が多聞寺と共にお守りをしている。

わ

若桜神社・稚櫻神社

いずれも奈良県桜井市に鎮座（桜井市大字谷字西浦・桜井市池之内）し、若桜神社はタニノサクラウチとの関連が推測される谷に鎮座する。白山権現とも呼ばれていた。桜井市の地名由来の若桜の井戸が境内にある。近くには撞賢木《つきさかき》厳御魂《いづのみたま》天疎《あまさかる》向津姫《むかつひめ》 命《のみこと》神社が鎮座する。

ワカ姫

天照大神の姉神。イザナギ・イザナミの第一子にあたる。筑波山で御生誕。茨城県桜川市真壁町羽鳥の歌姫神社はその神蹟か。諱《いみな》はヒルコ。

またの名のヒルコに「蛭子」の漢字があてられ、無理にエビスと読ませたことから、恵比寿神と混同される。兵庫県西宮市西宮神社（かつての廣田浜南宮）では、蛭児命となっており、男性の恵比寿神（ホツマでは、大己貴命の御子神クシヒコ）と思われている。シタテル姫、タカテル姫、歳徳神、御歳神、丹生津姫とも呼ばれる。ワカ姫が3歳になるときに、父・母の年齢とともに厄が重なる、という理由でイワクス船に乗せて、筑波から兵庫県西宮廣田のカナサキ（住吉神）・エシナツ夫妻に預けられる。ホツマ1紋の冒頭「それワカは　ワカ姫の神　捨てられて　拾《ひろ》た（ヒロタ）と育つ　カナサキの　妻の乳《ち》を得て」とあるように、ワカ姫のヒロタ入りからスタートする。和歌の名手でもあるカナサキの薫陶を受けて和歌と八雲琴（アマテル神が桑から作られた六弦琴をワカ姫に授ける）に秀でた才能を発揮する。

ワカ姫によるオモイカネノミコトへの求愛の回り歌「きしいこそ　つまをみきわに　ことのねの　とこにわきみを　まつそこいしき」の最後の「こいしき」がワカ姫を祀る越木岩《こしきいわ》神社の名前の由来ではないか、と関西ホツマの集いの清藤直樹氏は推定する。越木岩神社の真東、尼崎市東園田町に鳥之石楠船《とりのいわくすふね》の神を祀る船詰神社が鎮座するが関連の社であろうか。ワカ姫はご成人された後、天照大神の妹として宮内に召された。神戸市の生田神社（祭神稚日女尊《わかひるめのみこと》）では祭神は天照大神の妹神とも伝わる。和歌山の和歌浦の玉津島神社にも祀られ、和歌山の県名の由来と推定される。

を

ヲシテ（トノヲシテ）　48のヲシテ文字と音。一音一音がそれぞれ神である　ヲシテの文字と音を基にした、日本の建国以来の平和な社会を築くための根本思想。

瀬織津姫　プロフィール

天照大神の皇后。縄文時代に現代の日本の文化的・精神的な基礎を天照大神をはじめとする神々とおつくりになる。特に天照大神の補佐役・代理・実際のお働きを最前線でなされる活動的な神。メ（女）の道の危機に際しトノヲシテの復活を今の世の人々に強く訴えかける。縄文の御世から現代まで数千年にわたって日本の国を守る高天原の神の中心のお一方《ひとかた》。伊勢神宮荒祭宮・六甲比命神社・廣田神社・早池峰神社をはじめ、全国の寺社でさまざまなお姿をとって祀られ、青人草を今もなお見守られている。

アマノコトネ　プロフィール

昭和25年（１９５０年寅年）通常、人は生まれないと言われるＰＭ12時に生まれる。現代の巫女と言われ、生まれた時から、日々精進研鑽の日々を要求されている。その使命に基づき「天界の言葉を人界に伝える巫女」としての活動を行っている。

アース・ハート・サークル（ＥＨＣ）主宰。http：//www.ehc.jpn.com/〈http://www.ehc.jpn.com/〉

主な著書　自分が生きているこの地球のシステムを世に知らせる事が出来た『死なないで 殺さないで』（２００８年刊行本の森）、『ママのおなかは宇宙とつながっている』（ＰＨＰ研究所）、ストーンパワー水晶の世に知らせるための講座を開催。『コトネ式水晶鏣の世界』（２０１１年発行本の森）、東京工業大学の樋口雄三名誉教授との共著『人類よ魂の向上を急げ～アマノコトネを介して開示された地球と人類の未来１』（ナチュラルスピリット）、『大いなる光」から人類へ～アマノコトネを介して開示された霊界のシステム』（ナチュラルスピリット）、『日本の根幹と新文明～アマノコトネを介して開示された地球と人類の過去・現在』（ナチュラルスピリット）、『日本新生～アマノコトネを介して開示された地球と人類の未来２』（ナチュラルスピリット）、ＳＵＭＩＫＯ、宮崎貞行、アマノコトネの共著『ワカヒメさまの「超」復活』（ヒカルランド）、大江幸久、船井勝仁、アマノコトネの共著『トノオシテ瀬織津姫様言霊リメンバリング』（ヒカルランド）、アマノコトネ著『イサナギ、イザナミの半身半霊の皇子〈ヒヨルコさま〉言霊サンクチュアリ』（ヒカ

ルランド）、アマノコトネ著『富士神界の龍神からの緊急初メッセージ』（ヒカルランド）

大江幸久 プロフィール

昭和36年卯月、鳥取県八頭郡（かつての八上郡）郡家町（現八頭町）出身。父方は天照大神を祭神とする赤倉神社の氏子。母方は白兎神を合祀する賀茂神社の氏子。天照大神と白兎伝承の残る霊石山を仰ぎ見ながら（そのときはこの伝承の存在を露も知ることなく）、高校卒業まで居住。その後、関西へ移住し、現在は瀬織津姫・ワカヒメと縁の深い西宮に居住。90年代より神社、神道に関心が強まり、主に元伊勢の研究を開始する。99年、地元出身、石破洋大学教授のイナバノシロウサギの新説を知って衝撃を受ける。2006年より八上に伝わるもう一つの白兎伝承に秘められた日本神話の真相に気付き、2冊の本『八上神秘の白兎と天照大神伝承』『天照大神・瀬織津姫の因幡行幸』にその研究成果をまとめる。その後、六甲山と瀬織津姫の関係を明らかにして、現在は六甲比命神社をお守りする六甲比命講の代表を務める。

この国の乱れを整える

［新装版］トノヲシテ《瀬織津姫さま》言霊リメンバリング

第一刷 2022年4月30日

著者 大江幸久
アマノコトネ
船井勝仁

発行人 石井健資
発行所 株式会社ヒカルランド
〒162-0821 東京都新宿区津久戸町3-11 TH1ビル6F
電話 03-6265-0852 ファックス 03-6265-0853
http://www.hikaruland.co.jp info@hikaruland.co.jp
振替 00180-8-496587

本文・カバー・製本 中央精版印刷株式会社
DTP 株式会社キャップス
編集担当 高島敏子

ISBN978-4-86742-099-7

自然の中にいるような心地よさと開放感が
あなたにキセキを起こします

神楽坂ヒカルランドみらくるの1階は、自然の生命活性エネルギーと肉体との交流を目的に創られた、奇跡の杉の空間です。私たちの生活の周りには多くの木材が使われていますが、そのどれもが高温乾燥・薬剤塗布により微生物がいなくなった、本来もっているはずの薬効を封じられているものばかりです。神楽坂ヒカルランドみらくるの床、壁などの内装に使用しているのは、すべて45℃のほどよい環境でやさしくじっくり乾燥させた日本の杉材。しかもこの乾燥室さえも木材で作られた特別なものです。水分だけがなくなった杉材の中では、微生物や酵素が生きています。さらに、室内の冷暖房には従来のエアコンとはまったく異なるコンセプトで作られた特製の光冷暖房機を採用しています。この光冷暖は部屋全体に施された漆喰との共鳴反応によって、自然そのもののような心地よさを再現。森林浴をしているような開放感に包まれます。

みらくるな変化を起こす施術やイベントが
自由なあなたへと解放します

ヒカルランドで出版された著者の先生方やご縁のあった先生方のセッションが受けられる、お話が聞けるイベントを不定期開催しています。カラダとココロ、そして魂と向き合い、解放される、かけがえのない時間です。詳細はホームページ、またはメールマガジン、SNSなどでお知らせします。

神楽坂ヒカルランド　みらくる　Shopping & Healing
〒162-0805　東京都新宿区矢来町111番地
地下鉄東西線神楽坂駅２番出口より徒歩２分
TEL：03-5579-8948　メール：info@hikarulandmarket.com
営業時間11：00〜18：00（１時間の施術は最終受付17：00、２時間の施術は最終受付16：00。イベント開催時など、営業時間が変更になる場合があります。）
※ Healingメニューは予約制。事前のお申込みが必要となります。
ホームページ：http://kagurazakamiracle.com/

神楽坂ヒカルランド
《みらくる Shopping & Healing》
大好評営業中!!

宇宙の愛をカタチにする出版社　ヒカルランドがプロデュースしたヒーリングサロン、神楽坂ヒカルランドみらくるは、宇宙の愛と癒しをカタチにしていくヒーリング☆エンターテインメントの殿堂を目指しています。カラダやココロ、魂が喜ぶ波動ヒーリングの逸品機器が、あなたの毎日をハピハピに！ AWG、メタトロン、音響チェア、ブルーライト、ブレインパワートレーナーなどなど……これほどそろっている場所は他にないかもしれません。まさに世界にここだけ、宇宙にここだけの場所。ソマチッドも観察でき、カラダの中の宇宙を体感できます！　専門のスタッフがあなたの好奇心に応え、ぴったりのセラピーをご案内します。セラピーをご希望の方は、ホームページからのご予約のほか、メールで info@hikarulandmarket.com、またはお電話で03-5579-8948へ、ご希望の施術内容、日時、お名前、お電話番号をお知らせくださいませ。あなたにキセキが起こる場所☆神楽坂ヒカルランドみらくるで、みなさまをお待ちしております！

瀬織津姫さま

澪つくし

作・演出　佐々木 義幸
出演　仮面徹甲檀、アマノコトネ
大江幸久、セレーナマリア
さくらMEC's～水晶の紬
大倉龍紅

令和４年
12月11日（日）
開場 18:00　開演 18:30

オンライン配信予定（有料）

開催場所

兵庫県 芦屋市民センター ルナ・ホール（大ホール）

チケット代

［1階席 約400席］ 前売り **5,500**円　当日**6,600**円
［2階席 約180席］ 前売り **4,400**円　当日**5,500**円

お問い合わせ・チケット取り扱い

https://www.kametetsu.com
thankyou.ktd.xoxo@gmail.com

【新装版】
ワカヒメさまの「超」復活！
著者：SUMIKO！／アマノコトネ／宮﨑貞行
四六ハード　本体 2,000円+税